meu
filho

Solicite nosso catálogo completo, com mais de 500 títulos, onde você encontra as melhores opções do bom livro espírita: literatura infantojuvenil, contos, obras biográficas e de autoajuda, mensagens espirituais, romances, estudos doutrinários, obras básicas de Allan Kardec, e mais os esclarecedores cursos e estudos para aplicação no centro espírita – iniciação, mediunidade, reuniões mediúnicas, oratória, desobsessão, fluidos e passes.

E caso não encontre os nossos livros na livraria de sua preferência, solicite o endereço de nosso distribuidor mais próximo de você.

Edição e distribuição

EDITORA EME
Avenida Brigadeiro Faria Lima, 1080 – Vila Fátima
CEP 13369-040 – Capivari-SP
Telefones: (19) 3491-7000 | 3491-5449
Vivo (19) 9 9983-2575 ☺ | Claro (19) 9 9317-2800
vendas@editoraeme.com.br – www.editoraeme.com.br

WANDA A. CANUTTI
pelo espírito EÇA DE QUEIRÓS

meu
filho

Capivari-SP
– 2022 –

© 2015 Wanda A. Canutti

Os direitos autorais desta obra foram cedidos pela autora para a Editora EME, o que propicia a venda dos livros com preços mais acessíveis e a manutenção de campanhas com preços especiais a Clubes do Livro de todo o Brasil.

A Editora EME mantém o Centro Espírita "Mensagem de Esperança" e patrocina, junto com outras empresas, instituições de atendimento social de Capivari-SP.

3ª reimpressão – outubro/2022 – de 18.301 a 22.000 exemplares

CAPA | André Stenico
DIAGRAMAÇÃO | Marco Melo
REVISÃO | Léa Canutti Fazan

Ficha catalográfica

Queirós, Eça de (Espírito)
    Meu filho / pelo espírito Eça de Queirós; [psicografado por] Wanda A. Canutti – 3ª reimp. out. 2022 – Capivari, SP : Editora EME.
    296 p.

    1ª ed. ago. 2015
    ISBN 978-85-66805-64-2

1. Romance mediúnico. 2. Orfandade e perdão.
3. Vida no mundo espiritual. 4. Lei de ação e reação.
I. TÍTULO.

CDD 133.9

SUMÁRIO

Palavras do autor 7

1. Terrível imprevisto 11
2. Estranho sentimento 27
3. Preocupações de mãe..45
4. Hóspedes inesperados.......................................57
5. Nova tentativa 73
6. Um recurso estranho 89
7. Esperanças vãs..111
8. E o tempo passou... 123
9. Nova realidade 137
10. Ação nefasta..153
11. Recursos espirituais 171
12. Aceitação 187
13. Encontro feliz..203
14. Em recuperação 215
15. Encontro com o passado 229
16. Reflexões 249
17. Um teste fundamental 265
18. O perdão 285

PALAVRAS DO AUTOR

TODOS OS HOMENS QUE ainda vivem na Terra têm muitas imperfeições. Sendo ela um planeta de provas e expiações, os que aqui estão têm seus compromissos para serem desfeitos, e trazem uma programação de vida justamente direcionada para os resgates que devem realizar, visando o seu aprimoramento espiritual.

Em aqui estando, porém, quando uma adversidade lhes bate à porta modificando a vida que esperavam viver, se desesperam, não conseguem adequar-se à nova situação e revoltam-se.

Justamente por não compreenderem os desígnios de Deus, precisam inculpar alguém pelo que lhes aconteceu, e, quando o encontram, descarregam sobre ele a sua ira, a sua inconformação. E esse alguém passa a ser o objeto do seu desprezo, mesmo que seja um ente que deveria lhes ser muito caro. Um ente que fora trazido ao seu lar para também cumprir a sua programação de vida e, inocente de culpas, recebe constantemente toda a carga de sofrimento que lhe impõem.

O lar é o lugar primeiro onde os resgates são efetuados. É no dia a dia, no seio familiar, que estão as nossas maiores oportunidades de aprimoramento espiritual. É justamente lá que desfazemos os compromissos que trouxemos, ou adquirimos outros se não soubermos nos conduzir, mantendo uma convivência cristã e fraterna com aqueles que foram determinados por Deus para partilharem conosco da nossa existência terrena.

Ninguém é colocado no nosso lar por acaso. Ou temos compromissos com eles para serem ressarcidos, ou eles têm conosco e precisam do nosso amor, do nosso entendimento para desfazerem os seus.

Saibamos, pois, viver o presente pensando no passado das nossas múltiplas existências, mas pensemos também no futuro para vivermos em paz, sem sofrimentos, porque sabemos, erro nenhum praticado por nós fica sem ser ressarcido. Deus é justo e nada faria a um filho seu para vê-lo sofrer. Se hoje sofremos, é porque muito já erramos.

A Justiça Divina sempre se cumpre, mas ela está estreitamente relacionada às nossas ações, e só se aplica pelo mal que praticamos, pelos débitos que contraímos, como forma de nos reeducar e reencaminhar para o bem.

Façamos, pois, tudo para termos uma vida tranquila, vivendo dentro dos preceitos prescritos por Jesus quando esteve conosco, se quisermos ser feliz.

Alijemos o sofrimento de nossa vida, sabendo vivê-la pensando em nós e naqueles com os quais convivemos, compreendendo-os, auxiliando-os, orientando-os e encaminhando-os, para que nós próprios possamos receber de volta o amor que lhes dedicamos e, acima de tudo, a gratidão de Deus por termos auxiliado seus outros filhos que aqui estão, também em processo evolutivo.

Eça de Queirós
Araraquara, 05 de abril de 2001

| 1 |

TERRÍVEL IMPREVISTO

CAMINHANDO POR UMA RUA movimentada da cidade de Londres, numa manhã de verão, ia um homem cabisbaixo, triste, sem dar atenção aos transeuntes que cruzavam com ele.

Trazia o coração partido pois acabara de deixar, num cemitério da cidade, a sua querida esposa.

Tão unidos eram ambos no amor que se dedicavam, que ele não podia imaginar a vida sem ela.

Quantas esperanças tiveram naquele casamento que fora realizado no verão passado! Quantos preparativos para a formação do novo lar e quantas alegrias quando souberam que um filho lhes chegaria!

Ah, mas se soubessem que para a chegada dele seria necessária a partida da sua querida esposa, nunca teriam se alegrado tanto quando ele se fez anunciar.

Agora, o que faria ele sem a esposa, a sua querida Stella, com um filhinho recém-nascido para ser criado, se o seu coração sangrava de tanta dor?

Ah, doces esperanças que alegraram as expectativas

da sua chegada! Quantas vezes formularam, em suas mentes, planos para ele!

Entretanto ele chegara e nada fora como esperavam. Ao invés da alegria que toma os corações naquele momento em que Deus os presenteava com o fruto mais sagrado do amor que os unia, era só tristeza e desespero por nada poderem fazer. Ela esvaía-se da vida deixando em seu lugar aquele que, para ter vida, roubara a da mãe.

Ele não queria aquele filho sem ela! O que faria para criá-lo sozinho?

No momento em que caminhava depois de ter deixado a esposa na sepultura, dirigia-se para casa onde o filho estaria esperando por um carinho seu, uma vez que não contaria com os braços ternos da mãe, nem com o leite com que ela o amamentaria.

Caminhando, caminhando, cada vez mais devagar, não desejando chegar para não ter que se deparar com uma realidade que se recusava a aceitar, o espaço que o separava do lar foi vencido.

Ao entrar, antes de procurar ver o filho que ficara com uma senhora que o ajudara a nascer, atirou seu corpo numa poltrona e chorou muito.

Como sua vida se transformara tanto num ano apenas! Num verão tantas esperanças, no outro tanta dor!

A senhora que cuidava do bebê, ouvindo-o entrar, foi ao seu encontro, dizendo:

– Ele está bem, senhor Thomas! Está bem aconchegadinho no berço e agora dorme. Dei-lhe um pouquinho de leite, e ele nada sabe do que aconteceu. Agora o senhor precisa arrumar alguém que cuide dele e continuar a sua vida.

Ela falava, falava, mas Thomas não ouvia nenhuma das suas palavras, tão mergulhado estava nos próprios pensamentos, na própria dor.

O que lhe interessaria ouvir sobre o filho, se o ser que tanto amava não estava mais em sua companhia? Como se movimentaria dentro daquele lar que preparara com tanto carinho e alegria para viverem uma vida cheia de amor?

Como permanecer ali sem o ser que lhe dava vida, que tornava a casa alegre, mesmo no dia mais cinzento do inverno que tiveram naquele ano?

A senhora que lhe falava tornou ao quarto onde o bebê se encontrava, mas logo voltou dizendo que apenas o esperara mas precisava ir embora.

Alertado com aquela notícia que lhe deixava sem ação, ele respondeu, indagando:

– Como posso ficar aqui sozinho com o bebê se nada saberei fazer para ele? É necessário os cuidados de uma mulher! É preciso banhá-lo, alimentá-lo...

– Vou ver se encontro alguém que possa ajudá-lo, por enquanto. Depois o senhor verá o que fazer. Onde estão seus pais? – indagou ela.

– Meus pais não moram nesta cidade e nada sabem do que aconteceu!

– Sua esposa não tinha mãe?

– Não, ela era só! Sua mãe havia morrido há muito tempo e seu pai casou-se com outra, mas não moram aqui.

— Então o senhor tem que se sujeitar a uma pessoa estranha. Vou ver se arrumo alguém o mais rápido que puder.

— E enquanto não arrumar, o que farei?

— Eu voltarei mais tarde, mas agora preciso ir à minha casa. Quem sabe na minha volta eu já tenha alguma notícia para o senhor. Vou ver com uma vizinha, uma senhora que ficou viúva há pouco tempo e precisa trabalhar para acabar de criar os filhos.

— Eu preciso de alguém que possa morar aqui!

— Não será fácil, mas de início terá que aceitar o que conseguir, até que tenha alguém como deseja.

— Está bem, se não há outro jeito...

— O senhor precisa alimentar-se e descansar, que se sentirá melhor!

— Não se preocupe comigo!

— Lembre-se de que agora tem um filho para criar e precisa cuidar-se para não deixá-lo só.

— Antes não o tivesse! Se para ele chegar foi preciso que minha querida esposa partisse, seria melhor que não tivesse vindo.

— Não fale assim! São os desígnios de Deus, que, embora não possamos compreender, acontece o que deve acontecer.

Ele não deu resposta e ela saiu prometendo voltar.

O BEBÊ CONTINUOU DORMINDO e algumas poucas horas passaram. Mais tarde, quando aquela senhora voltou, Thomas estava ainda sentado na mesma poltrona, absorto, desanimado, com o pensamento na esposa e na grande desgraça que se abatera sobre ele.

Algumas vezes precisou bater até que ele despertasse das suas recordações e da sua dor e levantasse para atender.

Ao abrir a porta, deparou-se com a mesma senhora que o ajudara até algumas horas antes, trazendo uma outra que deveria ser a vizinha a que se referira.

– Trouxe a pessoa da qual lhe falei. Se o senhor aceitar, dentro do que lhe é possível ela aceitará o trabalho.

– Entrem, por favor!

– Já expliquei a ela o que deve fazer. Cuidar do bebê em primeiro lugar e, enquanto ele dormir, cuidar do resto das necessidades da casa, inclusive preparando as refeições para o senhor.

Ele ouviu sem nada dizer, como se nada tivesse com o que a senhora expunha, mas foi despertado pelo que ela lhe falou:

– Agora cabe ao senhor decidir o que fazer. Ela tem duas crianças ainda muito pequenas que precisam ser cuidadas, mas só poderá aceitar o trabalho se permitir que as traga consigo, porque não tem com quem deixá-las. Quanto ao trabalho e os cuidados com o bebê, o senhor poderá ficar descansado que ela dará conta de tudo. Tendo os filhos em sua companhia trabalhará despreocupada. Pense que, para o momento, é com o que poderá contar, até que tome alguma outra decisão. O bebê não pode ficar sem ninguém que dele cuide.

– Está bem, eu aceito as suas condições. Preciso de alguém e muito mais precisa meu filho. Quando a senhora poderá começar?

– Agora mesmo! Verei o que fazer, ficarei até o início da noite. Amanhã pela manhã virei com meus filhos e ficarei o quanto for necessário. Minhas crianças são pequenas mas não darão trabalho. São boazinhas e calmas, mas precisam ainda de mim. Tenho um menino de quatro anos e uma menina de dois.

– Está bem, depois combinaremos o seu salário. Aqui terá as suas refeições, que a senhora mesma preparará e alimentará também seus filhos.

– Vamos ver o bebê! – convidou-a a senhora que a trouxera.

Elas se afastaram, e ele retornou à posição em que estivera até então. Em nenhum momento desde que entrara em casa foi ao quarto ver o filho. Como estava dormindo, para ele era como se não existisse ninguém.

À noite, porém, deveria ficar só com ele e precisaria estar atento. A senhora lhe daria algumas orientações, deixaria uma mamadeira pronta, mas logo pela manhã estaria de volta e cuidaria dele como deveria.

O trabalho começou a ser desenvolvido, e, enquanto o bebê continuava dormindo elas foram à cozinha ver o que possuíam e o que poderia ser preparado para o jantar.

A que a trouxera, depois de lhe mostrar a casa e dar algumas instruções, foi logo embora. Os filhos da vizinha haviam ficado em sua casa com sua filha mais velha e ela precisava vê-los.

Quando algum alimento foi preparado para a refeição ela o chamou, mas ele não quis comer nada.

Ela insistiu, dizendo-lhe que era necessário, que ele precisava continuar vivendo, falando do seu próprio caso. Havia perdido o marido há cerca de um mês, sofrera muito e ainda sofria, mas precisava continuar lutando porque tinha os filhos, explicando que sua situação era ainda pior pois quem trabalhava em sua casa era o seu marido. Com a morte dele, ela ficara sem nada e, se não trabalhasse, não teriam nem o que comer.

Ele não prestou atenção ao que ela dizia, mas depois, diante de tanta insistência, decidiu alimentar-se um pouco.

Enquanto se alimentava, ela retornou ao quarto para ver o bebê que já estava acordado, cuidou dele, preparou-lhe uma mamadeira e ele se apaziguou novamente.

Antes de sair ela também se alimentou, deixou a cozinha em ordem, deu algumas orientações sobre como ele deveria proceder com o bebê se chorasse, deixou uma mamadeira pronta, mas, ao retirar-se, ele lhe disse:

– Eu preciso de alguém que fique com ele dia e noite! Eu não sei cuidar de criança!

Mas se aprende, senhor! Os filhos são os nossos maiores bens. Por causa deles nos esforçamos para superar problemas.

– Não gosto dele! Não fosse por ele, minha esposa ainda estaria aqui comigo.

– Não lhe imponha culpas que ele não tem! Deus sabe o que faz, e, no lugar de sua esposa que Ele deveria levar, ainda lhe deixou um filho para que o senhor se lembre dela, como um presente que lhe deixou.

Thomas não respondeu e ela, repetindo alguma recomendação, retirou-se dizendo que na manhã seguinte, bem cedo, voltaria.

O pior para ele foi ficar com o bebê sem saber o que poderia acontecer. Até aquela hora ele estava quieto, mas, e durante a noite? Com certeza acordaria chorando, com fome, e deveria até ser trocado, e ele, o que faria?

Se até aquele momento a dor e a tristeza corroíam o seu coração, agora sentia desespero. A solidão em que se encontrava doía muito, e o receio de ter que cuidar do filho o amedrontava.

Desde que chegara do cemitério onde deixara a esposa querida, ainda não entrara no quarto, não vira o filho.

Como entrar no local onde vivera com a esposa momentos ternos de amor e de esperanças, quando o filho se fez anunciar?

Como olhar para o seu bercinho que fora preparado com tanto carinho por ela, e a cada noite que se deitavam ela dizia:

– A cada dia mais se aproxima a hora do nosso querido filho chegar e ocupar o seu berço vazio, mas já cheio de amor para lhe dedicar. Todo o amor que nós mesmos colocamos para recebê-lo.

De que lhe adiantava agora ter o berço ocupado por

seu filho, se o lugar da mãe estaria vazio para sempre? O que faria ali sozinho com aquele ser que deveria ter sido recebido com tanto amor mas que só lhe inspirava revolta?

Sentado ainda na sua poltrona na sala, ele não tinha coragem de entrar no quarto.

O filho deveria estar dormindo porque o silêncio era profundo, e quanto maior ele pesava, mais feria o seu coração.

Passadas algumas horas, porém, mesmo sem conseguir dormir, mas tão alheio pelos seus pensamentos, ele foi despertado pelo choro do bebê.

O que fazer?

Esperou mais um pouco para ver se se acalmava, mas o choro continuava e ele teria que tomar alguma atitude.

Sem vontade e até irritado, mas compreendendo que era de sua obrigação ir vê-lo, vagarosamente levantouse, caminhou até a porta do quarto, parou um instante, mas não pôde evitar de entrar.

Ele estava vermelhinho de tanto chorar, deveria estar sujo e com fome, mas o que poderia fazer era dar-lhe a mamadeira e nada mais. Foi à cozinha onde a encontrou pronta e levou-a ao filho, segurando com cuidado enquanto ele mamava sofregamente, acalmando-se.

Quando acabou de lhe dar a mamadeira ficou olhando algum tempo para o filho até que ele adormeceu novamente e voltou para a sala.

As horas continuaram a passar e as primeiras claridades do dia começaram a se derramar sobre a Terra, mas ele nem deu acordo disso. A noite passara e ele não dormira um só minuto.

Logo mais ouviu bater à porta, e, indo atender, encontrou a senhora que contratara com os dois filhos.

Ela logo foi perguntando como passaram a noite, entrou rapidamente recomendando aos filhos que a esperassem quietinhos e foi ao quarto ver o bebê.

– Ah, pobrezinho! – exclamou ao retirá-lo do berço e tomá-lo ao colo. – Está todo sujo e com fome, mas vou lhe dar um banho, mudar a sua roupinha, depois tomará a mamadeira e ficará bem outra vez.

As crianças ficaram esperando a mãe na sala, quietas, sem se mexerem do lugar, um tanto assustadas pelo local desconhecido.

Quando o bebê estava preparado e calmo, ela começou as outras providências da casa.

Preparou a primeira refeição do patrão, e insistiu para que ele tomasse um banho, trocasse de roupa e se alimentasse pois se sentiria melhor.

– O senhor não descansou esta noite que a cama estava arrumada. Se não se cuidar, quem ficará doente será o senhor. Lembre-se de seu filho que precisa muito do pai.

– Mas eu não preciso dele!

– Não fale assim! Esse menino ainda lhe dará muitas alegrias; será a sua companhia e o amará muito.

Sem responder para não ouvir mais nada, decidiu ir tomar o banho, mudar a roupa e depois tomar a sua refeição matinal.

E depois, o que faria?

Teria que retornar ao trabalho mas não se sentia com coragem.

A senhora perguntou se ele não iria trabalhar, e ele respondeu-lhe que ainda não. No dia seguinte, se se sentisse mais bem disposto, iria.

– O senhor precisa fazer alguma coisa, distrair-se, que lhe fará bem. O trabalho é uma bênção de Deus que nos auxilia a enfrentar os problemas. O senhor precisa reagir!

Como não tinha vontade de responder, ele foi para a mesma poltrona em que estivera a noite toda.

A senhora, vendo-o no mesmo lugar, tornou a lhe falar:

– Por que enquanto o seu filho dorme, não se deita também e descansa um pouco? Far-lhe-á bem!

Thomas continuou calado e ela achou melhor não lhe dizer mais nada. Na verdade ele passava por um período muito difícil de sua vida e não seriam as suas palavras que modificariam os seus sentimentos, o seu estado de ânimo.

Ela sabia bem o que ele estava passando, compreendendo também que aquela situação para o homem era mais difícil que para as mulheres que, obrigadas pelos seus afazeres, distraem-se muito mais e enfrentam as situações com mais coragem.

O dia foi transcorrendo, as atividades da casa sendo desenvolvidas, sem se descuidar do bebê, e Thomas sempre sentado, absorto, calado.

Algumas horas mais tarde, quando o almoço estava para ser servido, ele levantou-se e, sem avisar, saiu à rua.

Não competia à senhora que cuidava da casa perguntar onde ia e ele também, achando que não lhe devia satisfações, nada comunicou.

Talvez nem ele mesmo soubesse, mas o desejo de deixar aquele ambiente de tantas recordações, fê-lo sair.

Que rumo tomaria? Não tinha planos, nada queria fazer na rua, apenas andar, andar, para, quem sabe, aliviar a mente do peso de tantas recordações e o coração de tanta dor.

Andando sem rumo, ele viu-se no cemitério diante da sepultura da esposa e lá chorou toda a sua dor, sem barreiras, sem preconceitos, sem nenhum constrangimento.

Mais aliviado começou o percurso de volta, e depois de duas horas entrava em casa.

A senhora tranquilizou-se e chamou-o para almoçar, dizendo-lhe que o esperava há tempos, e, como ele demorava, tomara a liberdade de alimentar seus filhos, mas que esperara que ele fizesse a sua refeição que depois ela faria a sua.

– A senhora não precisava esperar-me, deveria ter almoçado também. Eu não tenho vontade de comer nada.

– Mas deve comer! A mesa está posta, eu o servirei! O senhor não pode continuar como está. Compreendo o momento difícil por que está passando, mas precisa reagir. Os que aqui permanecem têm que prosseguir cumprindo suas obrigações, principalmente as de trabalho, que ajudam a esquecer um pouco o sofrimento.

– Eu não quero esquecer nada! Quero ter a minha esposa a todo instante no meu pensamento.

– O senhor já ouviu dizer que temos uma alma e que, ao deixarmos a Terra, ela é recolhida a um lugar onde continuará vivendo?

– Nunca ouvi falar nada disso!

– Mas é verdade! Ouvi também dizer que elas, onde se encontram, sentem a nossa tristeza, veem as nossas lágrimas e ficam infelizes quando assim acontece. Elas, que partiram, querem que aqueles que ficaram sintam-se tranquilos e continuem a sua vida.

– De onde a senhora foi tirar tantas sandices?

– Não são sandices, senhor! Eu sei que é assim!

– Não diga bobagem! A minha querida deixei no cemitério e hoje fui visitar a sua sepultura. Ela está lá!

– Almoce, senhor, que se sentirá melhor!

De nada adiantaria, naquele momento, falar-lhe a respeito da alma que continuava vivendo, porque ele não estava preparado, mas ela não desistiria. Sempre que houvesse oportunidade lhe falaria alguma coisa até que ele se habituasse e passasse a se interessar em mais aprender para o seu próprio conforto.

Quase ao fim do dia, quando se aproximava a hora da senhora ir embora, ele, assustado por ter que ficar só com o bebê, chamou-a para uma conversa.

– Sente-se, senhora.... A senhora está trabalhando aqui e ainda não sei seu nome.

– Chamo-me Ellen, senhor!

– Pois bem, senhora Ellen, tenho uma proposta a

lhe fazer, mas antes vou lhe fazer uma pergunta: – Onde mora?

– Perto daquela senhora que me trouxe aqui. É muito longe, num lugar pobre.

– A casa é sua?

– Antes fosse! Pago aluguel e, se não trabalhar, ficarei na rua.

– Era o que eu queria saber. Se a senhora gostou de trabalhar aqui, tenho dois quartos vagos na casa, como já deve ter visto, e, se quiser, pode ocupar um deles com seus filhos, levando também, consigo, para o seu quarto, o berço com o bebê, porque não sei lidar com ele nem tenho vontade de aprender.

– O senhor está me convidando para morar aqui?

– O seu salário será o mesmo mas economizará o dinheiro do aluguel. Traga suas coisas, o necessário para o quarto, e mude-se para cá.

– É uma proposta muito vantajosa para mim. Não tendo que ir e vir todos os dias, que fica difícil por causa das crianças, posso dedicar-me mais ao seu filho.

– Se aceita, pode providenciar a sua mudança, mas que não passe de amanhã.

– Está bem, senhor! Amanhã me mudarei para cá. Talvez eu chegue um pouco mais tarde pelas providências que devo tomar, mas pedirei à senhora que me indicou que venha aqui logo cedo para as primeiras obrigações com o bebê. Depois o senhor poderá ficar sossegado que tomarei conta de tudo. A propósito, também ainda não sei seu nome.

– Chamo-me Thomas!

– Está bem, senhor Thomas! E o bebê, como se chama?

– Ainda não lhe colocamos o nome. Havia até me esquecido! Minha esposa sempre dizia que se fosse um menino, desejava que tivesse o meu nome, mas eu não quero. Vou pensar em outro porque preciso registrá-lo.

– Não deve esperar muito porque ele precisa ter o seu registro de nascimento.

A conversa ficou encerrada. Ela prometeu deixar tudo em ordem para que ele pudesse passar a noite tranquilo, dizendo que, na noite seguinte, estaria ali e ele poderia ter a sua noite de sono em paz.

| 2 |

ESTRANHO SENTIMENTO

Não só a sua decisão mas a aceitação de Ellen abriam novas perspectivas na vida de Thomas, não de felicidade, mas de menos preocupações.

Se ele não precisasse se ocupar com o bebê, era como se o não tivesse e estaria mais tranquilo.

Ouvi-lo-ia chorar, que os bebês choram muito, mas não precisaria atendê-lo, satisfazer as suas necessidades de banho e de alimentação, nem embalá-lo se tivesse dificuldade de dormir.

A sua vida prosseguiria e o seu lar estaria totalmente modificado. Não mais aquele para o qual se via ansioso para voltar e encontrar o seu amor, porque agora, sem a presença dela, seria apenas uma casa, um teto que os abrigava das intempéries. Um lugar onde tinha a sua alimentação, a roupa lavada e passada por uma desconhecida, convivendo com crianças que não eram seus filhos e com uma que, apesar de sê-lo, não sentia por ela o amor que um pai deve trazer no coração. Era um estranho em meio a estranhos, mas a vida que teria daí para a frente precisava vivê-la. Porém, esperanças, interesse, anseios, esses haviam sido enterrados com a esposa.

Até os utensílios da casa que ela cuidava com amor, passaram para mãos estranhas. Mesmo assim ele agradecia ter encontrado aquela senhora que tomava conta da casa e do seu filho, desobrigando-o de tarefas para as quais não sentia a menor inclinação.

A mudança de Ellen foi realizada. Trouxe poucos móveis, o necessário para o quarto dela e os filhos, mesmo porque muito pouco ela possuía. O resto deixara para a vizinha vender se alguém se interessasse por eles, fechou a casa, entregou a chave, e, a partir de então, começaria uma nova vida.

Se Thomas estava desolado, ela também o estava. Perdera o marido há pouco tempo, ficara sem nada e agora precisava se sujeitar a trabalhar para os outros. Desfizera a sua casinha que não tinha mais condições de manter, e ainda agradecia a Deus que o patrão a convidara para morar em sua casa com seus filhos, pois, pelo menos, a alimentação teriam, mesmo trabalhando bastante.

A vida de todos mudou muito, mas, dentro das possibilidades que a situação lhes oferecia, deveriam seguir seu rumo, um se adaptando ao outro, e estavam satisfeitos, cada um à sua maneira, cada um por um motivo.

Passados mais alguns poucos dias, Thomas retomou o trabalho. Era um homem calado, pouco se alimentava e nunca se interessava por nenhum assunto que se referisse ao filho.

De tanto Ellen insistir, registrou-o com o nome de William, mas era-lhe difícil referir-se ao filho pelo nome e nunca perguntava por ele. Quando chegava, se o encontrasse na sala, no carrinho que já haviam preparado para ele antes de nascer, passava sem parar, sem olhá-lo, como se ali não estivesse ninguém.

Muitas vezes Ellen o observara fazendo isso, e, um dia, sem adverti-lo que não era seu direito, mas empenhando-se para que desse um pouco de atenção ao filho, ela tomou-o ao colo retirando-o do carrinho e, aproximando-se dele, falou-lhe:

– O senhor já percebeu como William está crescendo, como está forte e belo? Veja, ele está sorrindo para o senhor! Afinal, é o pai dele.

Thomas não lhe deu resposta nem teve nenhuma reação, e ela sentiu-se constrangida como se estivesse penetrando num território que não lhe pertencia, mas teria que ser assim. Ela teria que fazer esse trabalho de aproximação entre pai e filho.

Se o pai não se interessava pelo filho, ela faria com que o menino, à medida que fosse crescendo, se interessasse pelo pai, e tanto o faria insistir que ele se renderia. Afinal, a criança não tinha culpa do que acontecera pelo seu nascimento.

O tempo foi passando e William crescendo forte e sadio. Começou a engatinhar pela casa, obrigando o pai a sempre desviar dele para não machucá-lo. Muitas vezes o menino, inocente, se dirigia para ele sentado naquela poltrona que passara a ser o seu local de descanso, desde que a esposa partira, olhava-o, agarrava nos braços da poltrona para levantar-se, sob a indiferença do pai, e, quando conseguia, sorria para ele, que não tinha um gesto de carinho em retorno. Às vezes, no esforço de erguer-se, caía para trás, chorava, sem que o pai se abalasse para fazê-lo parar. Era preciso Ellen interromper o seu trabalho e vir correndo socorrê-lo. Ela tomava-o ao colo, levava-o longe do pai, dizendo-lhe:

– Papai está cansado mas ele gosta muito de você, meu querido!

Ela agradava-o um pouco, repunha-o no chão, e ele começava a engatinhar novamente sem que o pai desviasse os olhos do ponto impreciso em que os colocava, para olhar para o filho.

À medida que William ia crescendo ia se apegando às crianças de Ellen que também gostavam dele, sobretudo a menina que era menor e o considerava um irmãozinho.

A mãe sempre lhes explicava que aquela não era a sua casa, que estava ali apenas para trabalhar, para cuidar de William, do senhor Thomas e de tudo o mais.

Ela não queria criar os filhos pensando que eram donos da casa, que o conforto e a boa alimentação de que desfrutavam eram resultado do que eles mesmos possuíam. Fazia questão de lhes dizer que era necessária ali, mas não passava de uma criada. Se o senhor Thomas não quisesse mais os seus serviços, teriam que se mudar, e ela precisaria procurar novo emprego para sobreviverem.

– E William? – indagava ingenuamente a menina.

– William é filho do senhor Thomas e faz parte da família dele.

– Ele não é meu irmãozinho?

– Gosto muito dele como se fosse meu próprio filho, mas não o é. Cuido dele desde que nasceu, mas a mãezinha dele já morreu.

– O que é morreu, mamãe?

– Foi para o céu viver entre os anjinhos!

– E por que ela não o levou?

– Porque ele deveria ficar, para o pai não ficar tão sozinho.

– Eu gosto muito do William!

– Todos nós gostamos! Ele é um menino adorável!

WILLIAM CRESCIA, ELLEN ESFORÇAVA-SE para fazê-lo aproximar-se do pai e este aceitá-lo com amor, mas estava muito difícil.

Quantas vezes chamava a atenção do senhor Thomas para alguma gracinha do filho, ou para o seu crescimento que se fazia de forma salutar, mas ele não se importava.

William ainda era muito pequeno, não entendia a indiferença do pai, mas, certamente, quando pudesse entender, sofreria muito. Não tinha a mãe que lhe faria muita falta, não teria o pai que se recusava a aceitá-lo e ainda o culpava pela morte da mãe, o pobre inocente que não tinha culpa de nada.

Ele já contava dois anos de idade, já falava, e Ellen

o ensinara a falar papai, mas o senhor Thomas não se comoveu ao ouvir chamá-lo assim.

Os anos passavam, as crianças de Ellen também cresciam sadias e fortes e o menino já se encontrava na escola.

Todos viviam bem e em paz, mas muito melhor viveriam se Thomas fosse diferente com o pequeno William que já começava a perceber o desprezo do pai. Às vezes procurava-o, mostrava-lhe algum brinquedo que a própria Ellen se esforçara para fazer para ele, mas o pai não demonstrava o menor interesse.

Nunca comprara um simples brinquedo para o filho. Roupas, que não podia fazer de menos, dava dinheiro a Ellen para que as comprasse, da mesma forma que ela cuidava de todas as compras da casa.

Em meio a uma compra e outra, às vezes ela trazia um agradinho ao menino, que ficava feliz com a novidade.

Ellen preocupava-se em como seria o futuro de ambos naquela casa. Bom mesmo seria se o senhor Thomas se casasse novamente, trouxesse para casa uma esposa que o transformasse, fazendo-o aceitar o filho, mas parecia que ele não se interessava mais por mulher alguma desde a perda da sua querida Stella.

Ainda ia ao cemitério chorar a sua solidão, voltava para casa mais aliviado e não ia a lugar nenhum a não ser ao seu trabalho.

Tornara-se um homem cada vez mais taciturno e perdia a oportunidade de viver mais feliz junto do filho, acompanhando o seu crescimento, sorrindo das suas gracinhas, fazendo-o rir também das brincadeiras que faria com ele, como qualquer pai o faz quando ama o filho. O pobre William, porém, nada tinha dele, e seria uma criança totalmente triste, não fosse Ellen e seus filhos.

Mas ao filho, o pai era necessário. Quantas vezes o pobre menino se aproximava dele e era repelido? Thomas nem percebia que o filho estava crescendo e logo também iria à escola.

Ainda não perguntara pela mãe pois não sabia o que era ter mãe. Para ele os cuidados de Ellen bastavam, mas quando crescesse mais, quando entrasse na escola, quando ouvisse os seus colegas falarem das suas mães, iria sentir que não a possuía e, com certeza, perguntaria ao pai.

Ellen tremia ao pensar nesse momento, porque, ainda magoado e culpando o filho, poderia lhe dizer que não a possuía por que a havia matado. E não era difícil que assim procedesse se era o que tinha em mente e nada o fazia mudar de opinião.

Mas o tempo transcorria e não adiantava antecipar acontecimentos que poderiam causar problemas e sofrimentos, mas aguardar para que ele cuidasse de fazê-los amenizar e, quem sabe, diluí-los sem que acontecesse o que ela temia.

Certa vez William estava no meio da sala, ao chão, junto com a filha de Ellen, entretido num brinquedo, bem à frente do pai.

Thomas, que sempre tinha o pensamento distante, o olhar perdido, não se importava com as crianças tão perto de si. Num momento, empolgados que estavam na brincadeira, Thomas foi despertado por uma exclamação de alegria das crianças e retornou das suas recordações, fixando seu olhar no filho.

Ah, que surpresa teve!

A sua fisionomia trazia muitos dos traços da mãe, traços esses que ele fixara em sua mente desde que ela se fora, para que a tivesse junto a si, mesmo distante.

Os olhos eram os mesmos, de um azul celeste muito intenso. Seus cabelos claros emolduravam-lhe o rosto, caindo em pequenos cachos encaracolados. Se tivesse conhecido a esposa enquanto criança, ele seria o retrato dela daquele tempo.

Olhou-o com um pouco de ternura, mas não via nele o filho que tanto precisava de um pouco de carinho do pai, mas a sua esposa, como se ela, em pessoa, tivesse retornado diante dele, em forma de criança, na pessoa do filho.

Algum tempo ficou observando, mas logo Ellen, havendo terminado o seu trabalho de arrumação da cozinha, depois do jantar, entrou na sala e chamou William e sua filha que era hora de se deitarem.

Thomas foi despertado pela fala de Ellen e sentiu repulsa por si mesmo, por ter se detido a olhar para o filho, mesmo vendo nele a sua esposa.

Depois que a boa criada levou as crianças, ele também levantou-se e foi para o seu quarto. Lá continuou recordando da esposa com mais força ainda, pelo local tão íntimo em que se encontrava, o mesmo em que trocaram tantas juras de amor, que expuseram os seus anseios um ao outro, principalmente depois que passaram a acalentar a esperança de terem seu filho nos braços.

Ah, como foi tudo diferente dos sonhos tão aguardados! Ele via-se só, triste, desesperançado e ainda tinha que suportar o filho que fora causa de não ter mais a esposa em sua companhia.

O melhor mesmo seria que também partisse e, se era verdade o que Ellen lhe dizia que nossa alma continuava vivendo, ele queria se encontrar com ela para ser feliz novamente.

Ao ter esse pensamento, um outro tomou conta de sua mente instantaneamente. E se quando se fosse, se se encontrasse com a esposa e ela lhe pedisse contas do que fizera com o filho, dos cuidados que lhe negara, o que lhe diria?

Ah, teria tantas justificativas a dar e lhe diria que não poderia ter tratado bem daquele que fora causa da separação de ambos e ela entenderia.

E se não entendesse, se cobrasse dele os carinhos que não dera ao filho, as atenções e os cuidados que deveria lhe dispensar, suprindo a falta que ela própria lhe fazia?

E se ela não o culpasse pela sua partida e tivesse outras explicações, o que ele faria?

Não seria possível que isso acontecesse! Jamais se encontrariam, porque, para ele, quem morre parte para sempre e se desfaz na sepultura. Ninguém lhe pediria contas de nada. Ele não poderia ter agido de modo diferente. Não gostava do filho e não poderia fingir.

Com todos esses pensamentos, ele acabou por adormecer, e, depois de algum tempo, sonhou com a esposa. Era a primeira vez que ocorria. Quantas vezes esperara sonhar com ela, tê-la em sua companhia por algum tempo para amenizar tanta saudade, mas nunca aconteceu.

Naquela noite, porém, antes de adormecer, tivera todos aqueles pensamentos em relação ao filho, talvez pela semelhança que encontrara nele, mas o que ele não sabia era que ela, em espírito, estava no lar.

Brincara com o filho quando ele se encontrava no chão, fizera-o rir e chamara a atenção do marido para os traços dele, o que ele nunca havia percebido, para ver se comovia o seu coração e lhe daria mais atenção.

Na manhã seguinte lembrava-se de algum detalhe do "sonho", mas não tinha o todo.

Não se lembrava de que assim que adormecera e que seu espírito se desprendera do corpo pelo sono físico, ela se apresentara a ele, deixando-o em grande felicidade.

A sua surpresa ao vê-la foi expressa com uma exclamação:

– Então você não morreu!

– Não, querido! Continuo viva e muito triste! Onde estou não tenho paz e precisava vir lhe falar.

– O que está acontecendo que não tem paz?

– Sua atitude para com nosso querido filho. Se não pude permanecer neste lar, cabe a você cuidar dele, dar-lhe o seu carinho. Ele não tem culpa se não pude ter ficado para criá-lo, mas restou você que tem a obrigação não só de cuidar dele mas de lhe dar muito amor, o mesmo que lhe tenho mas não posso demonstrá-lo.

– Ele foi a causa da sua partida desta casa! Como devo amá-lo se ele privou-me da sua presença que amava tanto?

– Se me amava como diz, deve amar seu filho, o nosso filho, esperado com tanto amor. Ele não tem culpa de nada, são os desígnios de Deus. Eu não podia mais permanecer, mas restou você que deve ser para William não só um pai amoroso e sempre presente, mas também a mãe dedicada que toda criança deve ter. Se realmente me amava como afirma, não deixe que eu sofra por ver meu filho tão desprezado. Não fosse a querida Ellen, o que teria sido dele? Você o teria deixado morrer...

Sem saber o que responder, Thomas não esperava aquela conversa e não estava satisfeito com ela. Gostaria mesmo de estar com a esposa mas para reviverem momentos ternos que tiveram e terem outros, se fosse possível, mas ouvir recriminações, não estava gostando nada. Seria melhor que não tivesse vindo.

Formou-se entre ambos alguns minutos de silêncio que ela utilizou para observá-lo, e percebeu nele um certo desgosto pela sua presença. Ele esperava que Stella revelasse a sua saudade, reafirmasse o seu amor, o mesmo que ele ainda cultivava no coração, mas a situação de William era prioritária naquelas circunstâncias, e, apesar de amá-lo muito, viera em missão a favor do filho.

Vendo-o decepcionado, ela estendeu a mão para ele, convidando-o:

– Venha comigo!

– Onde me leva?

– Vamos ver nosso filho!

– Eu não quero, vejo-o diariamente pela casa!

– Mas ignora-o! Quero que me acompanhe, que sinta o amor que tenho por ele, para que cumpra a sua obrigação de pai. Logo ele estará maior, compreenderá o seu desprezo, e, sem a minha presença, sofrerá muito. Se eu o vir sofrendo, sofrerei também, não terei paz, e o sentimento que sempre nutri por você ficará abalado. Reconhecerei que não é aquele que eu amei e em quem depositei todas as minhas esperanças. Você ainda não compreendeu o valor de uma união na Terra, como o foi a do nosso casamento. Amamo-nos, que Deus permite o amor, mas temos nossos resgates para realizar. A união de dois seres que se amam é justamente para que um dê forças ao outro nos momentos de angústias, tristezas e de provas cruéis. Se um dos dois precisa partir, como foi o meu caso, o que fica tem a responsabilidade, perante Deus, de continuar, de não se entregar à dor como o tem feito, e de cumprir as obrigações que antes eram de ambos e passam a ser de um só. Por isso você ficou, para cuidar do nosso William, para amá-lo como eu própria o amo mas aqui não estou, e para prosseguir a sua vida, até sendo feliz com outra, se encontrar, para completar seus dias sem tanta solidão.

– Pelo que me diz, você não me ama, talvez nunca tenha me amado...

– Jamais duvide dos meus sentimentos para com

você. Justamente porque o amo que quero vê-lo feliz, fazendo o nosso filho feliz, para que eu também o seja onde estou. Eu não tenho paz vendo o William totalmente entregue a uma criada. Ellen é muito importante na casa e reconheço o bem que ela representa para o nosso filho, mas não é da nossa família. Se qualquer situação mais difícil a envolver, ela poderá deixar esta casa e William ficará ao desamparo. Por isso ele precisa ter o amor do pai, como um ancoradouro firme que lhe dará segurança em qualquer circunstância. Não sabemos o que poderá acontecer a Ellen ainda. Ela é muito jovem, poderá encontrar alguém que lhe dê novas esperanças e uma vida mais tranquila juntamente com seus filhos, sem que precise trabalhar tanto. Se isso acontecer, como ficará você e nosso filho? Poderão até se arranjar com outra, mas e o amor que William tem por ela, a única que o trata com consideração e amor nesta casa? Vamos, venha comigo, vamos ver nosso filho!

Sem ter como recusar, ela levou-o ao quarto onde Ellen dormia com as três crianças – seus dois filhos e William.

Era a primeira vez que ele o fazia. Nunca se interessara em saber como o filho estava instalado, pois, quanto mais distante, quanto menos fosse solicitado, melhor se sentia.

Ao entrar, achegaram-se ao seu berço, que ele ainda dormia nele, e ela chamou a atenção do marido.

– Veja, querido, como ele está forte e belo, como dorme tranquilamente!

Thomas não deu resposta e ela, passando a mão pelo seu rostinho e pelos seus cabelos, curvou-se e depositou um beijo muito terno em sua testa.

– Faça o mesmo! – pediu a Thomas.

– Não posso!

– Você o pode e deve começar agora a prestar atenção nele!

– Não posso! – repetiu ele.

– Curve-se e deposite um beijo no seu rostinho lindo! Faça-o por mim, se não tem nenhum afeto por ele. Comece a se esforçar, procure conviver um pouco mais com ele, ouvir o que tem a lhe dizer, – coisas banais de criança, mas muito importantes para ele que terá alguém para ouvi-lo. E só a partir dessa sua primeira atitude, que tudo começará a mudar. Nosso filho se sentirá mais feliz vendo em você um companheiro, um verdadeiro pai que se interessa por ele, pelo que faz, e, com o tempo, isso se tornará um hábito para você. E daí para o amor, é um passo muito pequeno. Não queira continuar vivendo desprezando-o, para não ter que prestar contas de sua atitude quando também deixar a Terra. Os filhos que nos são confiados, são responsabilidades que adquirimos e deles devemos cuidar enquanto crianças, encaminhar e orientá-los quando maiores, a fim de que sejam pessoas de bem, equilibradas e úteis. Se ao invés disso estivermos criando crianças frustradas, revoltadas e infelizes, o que poderão ser quando forem adultos? A educação, o carinho, a boa orientação é obrigação dos pais que receberam um espírito que lhes foi confiado

MEU FILHO | 41

por Deus, para que deles cuidassem, fazendo-o crescer espiritualmente.

Thomas ouviu todas as palavras da esposa, mas o que lhe pedia estava além do que conseguiria fazer, e, para que ela não insistisse mais, afastou-se rapidamente do quarto.

Ela, depois de depositar outro beijo no rostinho sereno do filho, afastou-se também para ir ao encontro do marido, novamente expressar toda a sua tristeza e decepção, mas não o encontrou.

Indo ao seu quarto, encontrou-o já acordado, assustado e ansioso pelo que havia "sonhado", como ele considerava. Aproximando-se, começou a lhe falar novamente, esperando que ele captasse suas palavras a fim de juntá-las às lembranças que seu espírito poderia ter guardado do que já lhe dissera, para tentar mais uma vez fazê-lo pensar profundamente no que vinha fazendo, nas responsabilidades das quais estava se eximindo, com graves consequências para o filho, mas muito maiores para seu próprio espírito.

Ela tentou despertar nele o remorso pelo que fazia, o desgosto que lhe ocasionava agindo daquela forma, não levando em consideração a sua própria tristeza e o esforço que fizera para vir em espírito despertar-lhe o coração.

Ah, quanto lhe falou tentando despertar nele um pequeno sentimento pelo filho, nem que fosse a piedade por vê-lo desprezado, mas nem esse conseguiu. Tinha a impressão de que falava a uma rocha, tão insensível ele se mostrava.

Ao final, vendo que nada lhe penetrava o coração, comovendo-o, ela falou:

– Por tudo o que tenho observado, por tudo o que tenho falado e insistido, chego à conclusão, com muita tristeza, de que nem a mim você amava. Se me amasse como dizia, quereria ver-me feliz e não causar-me tanto sofrimento. Acredito agora que você amava somente a si mesmo, um amor egoísta que não o deixa levantar os olhos ao que está ao seu redor, a seu filho tão carente de afeto. Você fechou-se para as demais pessoas, excluiu do seu coração o seu filho, e nem o considera como tal, quando o acusa da minha morte. Quem você pensa que é? Um dia, quando se deparar com a realidade do mundo espiritual, sofrerá uma grande decepção. E o remorso pelo que deixou de fazer, pelas responsabilidades e obrigações que eram suas como pai e foram relegadas por não cumpri-las, tornarão o seu sofrimento muito grande. Não me foi fácil vir até aqui para fazê-lo ver que está trilhando um caminho errado, mas foi permitido pelo bem do nosso filho, e pelo seu próprio bem, para que não leve no espírito marcas tão profundas que você mesmo está insculpindo nele, porque, para retirá-las depois, para desfazê-las, haverá muito sofrimento. Entretanto, parece que meu esforço foi em vão e nada conseguirei, mas, pelo menos, não posso dizer que não tentei. Eu parto triste por nosso filho, por você, mas continuarei orando para que Deus possa tocar o seu coração e nele penetrar para despertá-lo da insensatez que vem cometendo.

Cada palavra que ela pronunciava era para ele como

se a própria consciência o advertisse, misturadas com as lembranças que tivera do sonho, e tão atormentado foi ficando que levantou-se rapidamente, colocou as mãos tapando os ouvidos comprimindo a cabeça, como querendo impedir de pensar, deixou o quarto e foi para a mesma poltrona onde passava o tempo em que permanecia em casa.

Ela ainda o acompanhou, mas vendo infrutíferas as suas palavras, depois que ele se sentou, depositou um beijo no seu rosto dizendo-lhe:

– Continuarei orando por você e por nosso filho! – e retornou ao quarto de Ellen para vê-lo mais uma vez. E, mais triste do que ao chegar, porque não tinha mais esperanças, retirou-se, retornando para a sua morada no mundo espiritual.

| 3 |

PREOCUPAÇÕES DE MÃE

A cabeça de Thomas era um verdadeiro turbilhão. Agora mais lúcido sem a interferência da esposa, ele pensava, pensava no que havia acontecido e não chegava a nenhuma conclusão. – O que teria ocorrido? Nunca se defrontara com nada semelhante em toda a sua vida, diante de situação alguma. Sua mente trazia lembranças do "sonho", misturadas às da esposa e do filho, depois vinham as palavras que ela lhe dissera e que ele interpretara como se fosse o seu próprio pensamento, e estava muito preocupado.

– Sinto uma sensação muito desagradável dentro do peito! Penso no meu filho, como se uma força tivesse me impelido para ele e fugi. O que aconteceu? Todas essas lembranças se misturam com as da minha querida Stella, mas não a senti como a tinha nos nossos momentos de ternura e amor. Ela estava diferente, triste, preocupada, e deve ser por causa de William. Por que não sonhei com ela como vivíamos nos velhos tempos, sem interferência de ninguém para que essa dor que sinto pela sua ausência fosse amainada? Se o sonho foi para me trazer preocupações e confusão mental, não deveria ter ocorrido. Por que não tive uma noite tranquila sem nada sonhar como acontece sempre? O que estará acontecendo comigo? Estará a minha mente ficando transtornada com tantos pensamentos? E por que de todos eles William faz parte?

Enquanto ainda estava absorto por esses pensamentos confusos e tantas preocupações, eis que Ellen surgiu à sala, trazendo William nos braços e assustou-se com Thomas.

– Senhor Thomas! Por que está aqui? Não dormiu esta noite? Já amanheceu! William levantou-se e vou dar-lhe um copo de leite.

Thomas nada respondeu, levantou-se apressado e foi para o seu quarto.

Enquanto se preparava para enfrentar um novo dia de trabalho, com o coração atormentado e a mente confusa, sua querida esposa já se encontrava em sua morada no mundo espiritual, triste e frustrada pela empreitada mal sucedida.

Só, ela revivia a sua estadia no seu antigo lar junto do filho, e não podia deixar de sorrir intimamente por tê-lo visto tão forte, tão belo, tão crescido.

Ah, se ela pudesse ter estado junto dele, embalá-lo, alimentá-lo, acompanhar o seu crescimento, sorrir às suas gracinhas, como seria feliz!

Entretanto, compreendia os desígnios de Deus e aceitava-os, mas precisava trabalhar para que o filho não fosse infeliz junto do pai, não sentisse o seu desprezo, prejudicando o desenvolvimento físico e mental que deve ter todo o ser encarnado em lutas redentoras.

Não fora feliz na primeira tentativa que fizera, mas não desistiria. Seu amor pelo filho valeria todos os esforços, todos os sacrifícios. Ainda transformaria a atitude do marido e tinha certeza, se não fora feliz conseguindo a sua modificação na primeira tentativa, ele teria material suficiente para pensar, meditar, refletir, e, quem sabe, alguma atitude menos rigorosa e cruel para com o filho pudesse acontecer.

Depois de muito meditar, de reconhecer o seu fracasso, mas também de compreender que sua empreitada fora difícil, sabia que plantara uma semente que poderia germinar, ela procurou a sua orientadora, a que permitira a sua vinda, para contar-lhe o sucedido.

– Não precisa me dizer! Vejo que nada conseguiu por enquanto, mas fará novas tentativas. Embora não tivesse sido bem-sucedida, seu marido terá muitas lembranças da conversa que mantiveram, e isso o ajudará a pensar e até a olhar o filho com outros olhos. Aos poucos a aversão que sente por ele irá se desfazendo, e um novo sentimento surgirá em seu coração. Não digo que o amará de pronto, porque ele ainda o culpa pela sua morte, mas a raiva se abrandará, e o caminho para o amor irá ficando cada vez mais livre.

– Que esses seus prognósticos se realizem o mais rápido possível para que William tenha uma vida diferente, e não cresça vendo no pai um ser que o odeia. Que não se sinta só e culpado, porque Thomas, se não se modificar, ainda lhe dirá que ele é responsável pela morte da mãe.

– Nada se realiza de um momento para outro; toda modificação é difícil e demorada. Cabe a você, depois dessa visita, depois de ter presenciado e entendido toda a extensão do sentimento negativo que ele dispensa ao filho, orar muito para que seu coração seja tocado um dia.

– Enquanto isso William irá crescendo num ambiente hostil e desagradável.

– Graças à bondade de Deus que nunca desampara ninguém, ele conta com Ellen que cuida dele como se fosse sua própria mãe e o ama muito.

– Sou-lhe muito grata por isso e oro sempre para que ela tenha saúde e força para permanecer em meu lar, cuidando de meu filho e de meu marido. Não fosse ela, não sei o que seria deles. Meu filho poderia até ter morrido por falta de cuidados. Apesar do meu fracasso, ou justamente por causa dele, ouso perguntar: quando poderei retornar para nova tentativa?

– Se foi infeliz nos resultados dessa que acaba de empreender, não poderá retornar logo, para não se decepcionar novamente. É preciso lhe dar tempo para pensar, a fim de que a sementinha que deixou no coração de seu marido comece a se romper, e novos sentimentos modifiquem suas atitudes. Se retornar logo, encontrará as mesmas condições e nada conseguirá.

– Eu saberei esperar, orando muito por ele, por meu

filho e por Ellen, para que nada lhes falte, mas para que Thomas seja receptivo quando eu puder retornar.

Depois da visita da esposa, o coração de Thomas começou a travar uma luta íntima entre o que era e o que deveria ser, em relação ao filho.

Olhava-o à distância mas não enternecia o coração por algum sentimento mais nobre. Quando o observava mais atentamente, aquele rancor, a acusação que lhe fazia tomavam vulto e ele precisava desviar o olhar.

William, pobrezinho, não chegava mais perto do pai. Andava pela casa, procurava Ellen que lhe dava muitas atenções, brincava com os filhos dela, sobretudo com a menina, mas passou a se distanciar do pai.

Como uma criança, mesmo com toda a inocência que lhe é característica, pode andar à volta de quem a despreza?

Elas são sensíveis e percebem quando são rejeitadas e passam também a afastar-se daqueles que não correspondem ao seu carinho, às suas expectativas.

Toda criança necessita ser bem tratada e sentir que é querida.

É um Espírito em adaptação na Terra, para que a encarnação que vem de iniciar seja equilibrada e profícua, e ele cumpra a sua programação de vida sem entraves, sem frustrações, sem vícios, sem recalques, sem rejeição.

Para isso precisa sentir que é amado, precisa ser

orientado e assistido por um ser que lhe transmita segurança, como um porto em que ele possa ancorar sem receios, sem preocupações, sem cuidados, porque tem uma mão firme que o ampara.

Quando a criança encontra um lar bem constituído, quando recebe amor dos pais, ela se sente segura e o seu desenvolvimento faz-se de modo natural, sem maiores preocupações que não as comuns a todo o ser que encarna na Terra.

Na falta de um dos dois, como no caso de William que perdeu a mãe, o pai precisa suprir o carinho que ela não pode mais lhe dar, redobrando-se em atenções, para que ele se sinta da mesma forma em segurança.

Mas, em relação a Thomas e William, nada disso ocorria. Ele, fechado em suas convicções, em seu egoísmo, nada proporcionava ao filho, a não ser a alimentação e o teto.

Ellen, entendendo todas as carências de William, excedia-se em atenções e cuidados para com ele, mas preocupava-se quanto ao seu futuro.

Como poderia ser um jovem feliz, equilibrado, se lhe faltava o carinho, as orientações e o aconselhamento nas horas de incertezas e dúvidas?

Se Thomas não se modificasse em relação ao filho, o seu futuro seria muito incerto e infeliz.

Assim como Stella, receava que um dia, por qualquer circunstância mais vantajosa, Ellen pudesse deixá-los, ela também se preocupava. E se em algum momento de irritação maior do senhor Thomas, impaciente e incompreensivo, a dispensasse dos seus serviços, o que seria de William?

Se isso ocorresse, ela o levaria consigo, fosse para onde fosse, e o pai não se importaria, mas nunca o deixaria naquela casa, só, vivendo sob o desprezo do pai.

O tempo ia transcorrendo, nenhuma modificação ocorria. A esposa de Thomas, em sua morada espiritual, preocupava-se e estava ansiosa para voltar. Sentia saudades do filho e mesmo do marido, e queria tentar novamente convencê-lo a aceitar o filho sem restrições, sem rancores e sem culpá-lo de nada.

Já pedira autorização para vir, mas ainda não lhe fora permitido. Um ano mais havia transcorrido da sua visita. William estava mais crescidinho, mas nada havia se modificado.

Se viesse, seria novamente em vão, ela não conseguiria convencê-lo de nada e se sentiria mais infeliz.

No entanto ela orava e muito pedia, argumentando:

– Se não fizer nova tentativa, como poderei saber se dará resultado ou não? Pior do que já está não poderá ficar, pelo menos não ficarei com a preocupação de que poderia ter feito alguma coisa e nada fiz.

– Você já tentou uma vez e nada conseguiu. O coração de seu marido, passados os primeiros tempos da sua visita, em que ele se preocupou e tinha suas palavras de recriminação na mente, acomodou-se, e tudo continua como antes.

– Se falar com ele outra vez, lembrar-se-á do que já lhe disse e será um reforço a mais para que se modifique.

– Não podemos impedir que vá, apenas nos preocupamos por você, para que não volte infeliz.
– Mais infeliz ficarei aqui se nada tentar!
– Está bem! Você irá, mas desta vez faremos de outra forma e quem sabe seja mais bem-sucedida.
– Como o farão?
– Dê-me alguns dias mais que vou arquitetar um plano, arrumar alguém que possa acompanhá-la, e, quem sabe, teremos mais sorte...

A EXPECTATIVA PERDUROU POR mais alguns dias, e eis que a orientadora chamou-a para uma conversa, dizendo que havia traçado um plano para o seu retorno à Terra, à casa que lhe pertencera, e que esperava, fosse profícuo em resultados.

Entretanto advertia-a de que se nada resultasse conforme esperavam, que ela retornasse e nada mais seria promovido em relação àquele particular, por enquanto. Que se empenhasse, porque outra oportunidade seria muito difícil.

Explicando-lhe em linhas gerais o que fariam, ela disse-lhe que dois companheiros seguiriam em sua companhia para ajudá-la naquela empreitada tão difícil, comunicando-lhe também que eles levariam os detalhes do que deveria realizar, para ajudá-la mais efetivamente a transformar os sentimentos do marido em relação ao filho.

Combinado ficou que partiriam em três dias, mas

que, na manhã seguinte, ela teria uma entrevista com os que a acompanhariam, a fim de se integrarem melhor um ao outro e discutirem as medidas a serem tomadas diante do que levavam como informação.

Aquele resto de dia ela passou com o pensamento ligado ao seu marido e ao filho, imaginando mentalmente como ele deveria estar, passado aquele ano. As crianças desenvolvem-se depressa e ele deveria estar grande e bastante mudado.

Orou muito pedindo a Deus o auxílio para que fossem bem-sucedidos, a nova manhã chegou e ela partiu para o encontro que teria.

Ao adentrar a sala em que a esperavam, encontrou um irmão sorridente e confiante que foi recebê-la, e uma irmã também de aspecto cordial e amigável.

– Que Deus os abençoe por me ajudarem nessa empreitada que é minha.

– O trabalho no bem é dever de todos, e quando podemos emprestar a nossa colaboração para aliviar as preocupações de um irmão ou para desfazer enganos e ressentimentos, proporcionando-lhe uma vida mais feliz, o fazemos com muito amor.

– Vejo, pela disposição de vocês que terei excelentes companheiros e que a esperança de obter sucesso torna-se muito maior agora.

– Comecemos, pois, por nos conhecer, que deveremos passar algum tempo juntos e, para isso, nada melhor do que sabermos os nossos nomes – disse o irmão que falava. – Chamo-me Juvenal, e esta é Áurea, a que foi minha esposa na nossa última existência terrena e em muitas outras, e temos trabalhado sempre em conjunto, sobretudo para auxiliar a resolução de problemas familiares.

– Tenho muito prazer em conhecê-los e sei que estarei muito bem acompanhada. Mas falando em nomes, chamo-me Stella.

– Pois bem, agora que já nos conhecemos e temos também conhecimento do problema que levamos para conseguir resolver, vamos falar sobre a nossa estratégia para surpreender seu marido e tocar o seu coração de modo profundo – considerou Juvenal.

Algumas horas os três passaram reunidos, expondo, conjeturando, antevendo atitudes e resultados, lembrando das dificuldades, mas tendo esperanças de que seriam bem-sucedidos.

Ao final, Stella, agradecida e esperançosa, falou-lhes:

– Diante de tudo o que conversamos, uma esperança muito grande de ver Thomas aceitar o filho, sem culpá-lo de nada, está crescendo em mim, e daí para chegar a amá-lo, não faltará muito. Sofro muito por vê-lo tão desprezado, sem a mãe e sem o pai que poderia dar-lhe um amor redobrado para compensá-lo da minha ausência.

– Tenhamos esperanças e nos preparemos em preces, sobretudo a senhora. Nós vamos continuar a examinar arquivos para levarmos, bem solidificado em nós, tudo o que diremos, tudo o que faremos. Podemos nos despedir agora e, se nada mais se nos apresentar, nos reencontraremos depois de amanhã à noite para a nossa partida. Sairemos desta mesma sala onde faremos a nossa prece pedindo a Deus o seu auxílio e a sua bênção para que sejamos bem sucedidos. A nossa querida orientadora estará conosco para nos dar força e esperança – tornou Juvenal.

Stella retirou-se e o casal ainda permaneceu algum tempo naquela sala discutindo algumas estratégias do plano, agora com mais esperanças em relação à sua aplicação, depois que presenciaram a aflição daquela mãe e esposa que se preocupava tanto com os que ficaram, sobretudo com o filho tão abandonado pelo pai.

Os dois dias que faltavam pareciam a Stella que demoravam muito a passar, mas finalmente o momento de retornar àquela sala para o encontro que antecederia a partida, chegou.

O casal já se encontrava presente quando ela entrou. Saudou-os com alegria e perguntou se a orientadora não viria. Nem havia completado a pergunta, e eis que ela também entrou saudando-os:

– Vejo que já se encontram reunidos, mas não poderia deixá-los partir sem participar da prece que farão, e eu mesma quero pedir a Deus, juntamente com vocês, para que sejam bem-sucedidos e que, não obstante partam para uma missão muito difícil, nada é impossível, se contamos com a ajuda do Pai que quer ver Seus filhos sempre felizes. E, aproximar o pai de um filho, embora difícil, não será impossível. Os sentimentos, não obstante resistentes a qualquer sugestão ou esforço, podem ser modificados se souberem transpor barreiras para que se expandam e atinjam os carentes de afetos. Vocês já sabem o que devem fazer, empenhem-se bastante que poderão voltar felizes. Agora vamos à nossa prece, depois poderão partir abençoados pelo Pai.

| 4 |

HÓSPEDES INESPERADOS

ENLEVADOS PELA PRECE PRONUNCIADA com fervor, eles partiram.

Ah, quantas esperanças de resgatar o filho para o amor do pai aquela mãe levava, ao mesmo tempo resgatando o seu marido de tantos compromissos que poderia assumir.

Pela madrugada os três chegavam ao seu destino. Diante da casa, antes de entrar, Juvenal sugeriu que fizessem nova prece, agora direcionada para aquele lar, para os seus habitantes, sobretudo para Thomas e William, e depois entraram.

O silêncio era total. Todos dormiam e nenhum deles teve possibilidade de descobrir ou sequer imaginar que entre eles havia uma pequena caravana vinda do mundo espiritual, trazendo missão tão importante.

Thomas se surpreenderia e até ficaria irritado por quererem penetrar nos seus sentimentos mais íntimos e profundos, a fim de modificá-los em favor do filho.

Ellen, ao contrário, se soubesse, se empenharia

em colaborar para que William tivesse um pouco de carinho.

Entretanto, de início, eles não se apresentariam a nenhum deles, apenas sondariam o íntimo de cada um e todo o ambiente no qual estavam imersos.

Depois, diante do plano que traziam, se necessário, fariam algumas modificações para que melhor fosse aplicado.

Os três andaram pela casa, e Stella quis, em primeiro lugar, visitar o filho. Acercou-se de seu leito, admirou-se do quanto crescera naquele ano e agradecia a Deus e a Ellen por ele estar forte e belo.

Curvando-se, depositou um beijo na face dele, acariciou seus cabelos, e depois dirigiu-se a Ellen que dormia profundamente, refazendo suas energias para um novo dia de muito trabalho, e também depositou um beijo em sua testa, expressando todo o seu agradecimento pelo que fazia pelo seu filho e pelo seu lar.

Retirando-se, visitou o seu antigo quarto onde o marido também dormia despreocupadamente. Olhou para ele desejando penetrar seu coração e exclamou:

– Ah, meu querido, como tudo poderia ser tão diferente!

O casal que a acompanhava, observava todos os recantos querendo perscrutar o ambiente, a fim de verificar se tudo estava favorável ao que desejavam.

Quando entraram, no quarto havia uma entidade de aspecto muito feio, como que guardando Thomas e aguardando que seu espírito retornasse, mas retirou-se rapidamente, escondendo-se embaixo da cama, prevendo algum perigo pela natureza dos visitantes; mas ao casal, nada passou despercebido.

Sem nada fazerem, deixaram-na pensar que poderia esconder-se, porque, no momento certo, ela também seria alvo da atenção deles.

Ao se retirarem, Juvenal perguntou a Stella se nada havia visto junto de Thomas, mas ela, emocionada por retornar ao lugar que lhe fora tão querido e palco de tantas esperanças, não prestou atenção, devido, também, à rapidez com que ela se escondera.

Restava-lhes apenas aguardar algumas poucas horas mais, acompanhar cada um sondando seus pensamentos e sentimentos, para depois entrar com seu trabalho. Ao que trouxeram como meta a ser desenvolvida, acrescentava-se o trabalho que teriam com aquela entidade, se ainda permanecesse no lar.

Eles não sabiam, mas ela não estava só. Havia mais três que se encarregavam de acompanhar Thomas-espírito quando se desprendia do corpo pelo sono físico, com a finalidade de fazerem com que se mantivesse irredutível em relação ao filho.

Para eles, porém, sobretudo ao casal que estava habituado a tarefas entre os encarnados, não seria difícil saber o que faziam e convencê-los a se retirar.

Sem muita demora eles viram Thomas Espírito retornar para casa, trazendo consigo os companheiros a que nos referimos, e caminharam para o quarto.

Juvenal imediatamente seguiu-os, utilizando-se de

recursos para não se deixar ver. Thomas retomou o corpo, despertando, enquanto aquele que se escondera embaixo da cama, livre do que considerara perigo, aproximou-se dos outros indagando:

– Então, o que conseguiram?

– Tudo conforme desejamos! De forma alguma o deixaremos se comover pelo filho nem modificar suas atitudes.

– Assim mesmo que se fala! – exclamou o que fora recebê-los, e, continuando, informou-os: – Hoje este quarto recebeu visitas, mas eu fui ágil e escondi-me. Penso que não fui visto.

– Quem eram?

– Pelo que ouvi, uma delas era a esposa de Thomas.

– Isto nos oferece perigo! Ela poderá querer modificar os sentimentos do marido em relação ao filho.

– Mas nada conseguirá!

– Por isso estamos atentos! Thomas está em nossas mãos e não haverá quem o tire de nós! Queremos vê-lo só, abandonado e triste, e, quiçá, um dia, ainda o tenhamos conosco. Tenho lhe sugerido que essa sua vida nada pode oferecer-lhe, uma vez que lhe retiraram o que ele mais amava. Que ele deve tudo fazer para estar com a esposa o mais cedo possível, mesmo promovendo a sua morte pelas próprias mãos, que seria o único meio de ser feliz.

Juvenal assustou-se com o que ouviu. Sabia que seu trabalho naquela casa não seria fácil, mas não contava com nenhum empecilho.

O plano que trazia se modificaria, ou melhor, a sua aplicação deveria ser postergada, porque antes teriam que trabalhar aquelas entidades infelizes, saber o que desejavam de concreto, por que estavam perseguindo Thomas, para depois começarem a agir.

Satisfeito com o que já havia ouvido, ele retirou-se para a sala levando as informações à esposa e à Stella, falando-lhes da necessidade de realizarem primeiro o trabalho com eles, para depois se ocuparem da tarefa que traziam.

Num primeiro momento os três se sentiram sem ação. Não contavam com o que encontraram, mas, de certa forma, explicava um pouco a atitude de Thomas.

Não queremos dizer, com essa afirmativa, que eles eram responsáveis pelo que acontecia naquele lar, nem pelos sentimentos que Thomas nutria em relação ao filho, que esses eram só dele.

Aqueles irmãos infelizes ali alojados, porém, demonstrando ódio e desejo de vingança contra ele, acirravam ainda mais o seu ânimo contra o filho, a sua atitude de isolamento e indiferença, porque esse estado era conveniente para o que desejavam.

Os que assim agem, quando encontram os que pretendem atingir por prejuízos sofridos num passado, estudam toda a situação em que eles se encontram, examinam sentimentos, e de tudo o que encontram se aproveitam para agir em desfavor daqueles de quem querem se vingar, e era o que acontecia com Thomas.

Quando Stella visitou o lar há um ano atrás, eles lá

não estavam e a situação era a mesma. À chegada deles, porém, depois de analisarem o ambiente e a situação em que viviam, não precisaram se esforçar para encontrar um meio de prejudicá-lo, porque ele mesmo lhes oferecia condições, e assim exacerbavam sentimentos e estavam conseguindo muito para o que pretendiam. Que Thomas se retirasse da vida pelas próprias mãos, imaginando que seria mais feliz, e depois o abandonariam porque sabiam, não precisavam mais impor-lhe nenhum sofrimento porque as próprias consequências do ato praticado se encarregariam de proporcionar-lhe um sofrimento tão atroz, que eles seriam perfeitamente dispensáveis.

Por essa razão é que são muito importantes as atitudes dos encarnados. Erros do passado, de existências pregressas, todos os têm, senão não estariam encarnados. A Terra ainda é um planeta de provas e expiações e todos os que aqui se encontram têm seus compromissos para ressarcir. Entretanto, se mantiverem uma postura cristã, se se esforçarem para progredir um pouco policiando suas ações, palavras e pensamentos, empenhando-se para seguir as prescrições de Jesus para seus irmãos da Terra, mesmo que os inimigos do passado se acheguem desejando prejudicá-los, não encontrarão as condições de que necessitam para isso.

Sejamos, pois, cristãos, na verdadeira acepção do termo, mesmo trazendo compromissos do passado, porque o nosso esforço no aprendizado e na nossa modificação nos ajudará em muito, tanto no nosso progresso quanto nos preservando de companhias infelizes que desejam nos prejudicar.

Conforme elas nos encontram, a sua ação é dificultada ou facilitada por nós mesmos, resultando daí, para nós, ou uma vida bastante tranquila e profícua em aprimoramento espiritual, ou uma vida de muito sofrimento.

Thomas havia fornecido aos seus inimigos do passado tudo o de que necessitavam para torná-lo mais infeliz, em virtude de suas próprias atitudes e sentimentos.

Se ele fosse diferente, se vivesse, apesar de só, sem a esposa, uma vida normal de dedicação ao filho, trazendo no coração sentimentos mais ternos e mais elevados; se não tivesse se tornado um homem frio e indiferente, mas interessado na educação do filho, em proporcionar-lhe os carinhos que ele se vira privado com a partida da mãe, mesmo que eles tivessem se achegado, a sua ação teria sido muito mais difícil. Entretanto, encontraram em Thomas um campo aberto e favorável ao que pretendiam, e o levariam ao suicídio se alguma providência urgente não fosse tomada para retirá-los daquela casa.

Juvenal, a esposa e Stella estavam surpresos e teriam que agir imediatamente. Todavia, não se pode agir sem se conhecer todas as intenções do adversário para se atacar o alvo certo sem perda de tempo e da oportunidade.

Dessa forma, os três se subdividiriam e fariam as investigações para depois começarem a agir. Cada um se encarregaria de um deles e Juvenal ficaria com a parte maior. Cada descoberta passariam aos outros para que tivessem o todo da situação. Por enquanto ainda nada fariam além de observar, anotar, para só depois agirem com conhecimento e segurança.

A partir dessa decisão, cada um se postou junto de um deles, de modo a que não fosse visto e começaram o seu trabalho de escuta, perscrutando também o íntimo de cada um.

Ah, pobres infelizes! Nenhum sentimento mais nobre, em nenhum momento, foi revelado por eles. Somente ódio, desejo de vingança e destruição, como esperança de felicidade, depois que tivessem concretizado seus planos de vingança.

Cada um trazia o seu motivo, e aliaram-se num único objetivo – destruí-lo totalmente sem piedade.

Quando Thomas saía para o trabalho, apenas um o acompanhava, porque não era no trabalho que eles estavam tendo os elementos para mais facilmente conseguir o que desejavam. Esses elementos estavam no seu lar, fornecidos por ele mesmo.

O que o acompanhava era somente para verificar como ele se saía e, se pudesse atrapalhá-lo em alguma tarefa, não perdia a oportunidade.

Stella, que pretendia reverter essa situação no seu lar, sem se deixar ver pela entidade infeliz, seguiu com eles e sondava os pensamentos do marido.

Enquanto trabalhava ele desligava-se do seu problema familiar, desempenhava bem a sua atividade, mas quando percebia que era hora de retornar, um desgosto muito grande o acometia, e tinha vontade de fugir para longe.

Algumas vezes, nessa hora, pensou em Stella, na alegria de retornar para casa quando ela lá se encontrava, mas depois da sua partida, o seu lar era para ele o pior lugar do mundo, sobretudo quando se lembrava de que lá estava William, aquele que, para chegar, ela tivera que partir.

Entretanto, apesar do desgosto que sentia, apesar de não gostar do filho, a sua casa era o único lugar para onde poderia ir, era o lugar onde tinha o seu teto, a roupa limpa e a alimentação, mesmo com o coração partido.

De uns tempos para cá ele trazia no coração, quando esses pensamentos ocupavam-lhe a mente, uma ideia que vinha se agigantando cada vez mais, mas ele não sabia que não era sua mas imposta por aqueles que o assediavam. Eles trabalhavam-na justamente na hora em que deveria voltar para casa, como se representasse para ele a libertação, o encerramento completo de uma situação que o desgostava.

Quando Stella percebeu o que se passava, assustou-se. Se não interferissem rapidamente poderia ser tarde demais, porque, ao receber aquelas sugestões, ele se demorava pensando nelas, concluindo que para ele seria a única solução, ainda mais que lhe colocavam na mente como a única oportunidade de reencontrar a esposa e ser feliz novamente.

Como o trabalho dos três, de início, era apenas de investigação, ela nada fez, mas não via a hora de chegar, reunir-se com Juvenal e Áurea para contar-lhes o que visualizara e saber, também, o que eles haviam conseguido apurar.

As entidades que permaneceram no lar enquanto Thomas trabalhava, apenas descansavam, todas deitadas em sua cama. Conversavam sobre o que estavam conseguindo, esperando poder concretizar em breve os seus planos para partirem para outros trabalhos.

Em nenhum momento nenhum dos dois conseguiu saber o que eles estavam vingando, em que haviam sido ofendidos ou prejudicados, porque ali pensavam e discutiam apenas o que esperavam conseguir, o que fariam, sem se referir ao que para eles, com certeza, não precisava ser recordado.

Quando Stella chegou contando-lhes o que havia descoberto, Juvenal, sem perda de tempo, falou-lhe:

– Precisamos agir imediatamente. Se demorarmos nas nossas investigações, poderemos ser surpreendidos com uma atitude tresloucada de Thomas, complicando muito a situação para William e para si mesmo. Hoje à noite nós os abordaremos e saberemos o porquê de estarem aqui, o que houve e os convenceremos a partir. Se não conseguirmos, teremos de pedir reforços e sanar de vez esta situação, auxiliando também esses infelizes imbuídos de tanto ódio e de desejo tão funesto. Faremos um trabalho completo, para Thomas e para eles também.

A atitude de Thomas, naquela noite, não foi diferente. Ficou a maior parte do tempo no próprio quarto, abrigando no coração a tristeza e a desesperança que eles incentivavam ainda mais, e a hora que sentiu, deveria dormir, acomodou-se no leito.

Para ele apenas que ali estava como encarnado, muitas entidades o acompanhavam – as que o queriam prejudicar e as que queriam ajudá-lo.

Quando seu espírito se desprendeu do corpo pelo sono que o envolveu, ele logo deixou o quarto e os seus companheiros o seguiram.

Fora do quarto, mas ainda dentro da casa, um deles aproximou-se de Thomas, dizendo:

– Aonde pensa que vai?

– Vocês novamente? Deixem-me em paz! Não me atormentem mais do que já tenho sofrido!

– Você tem apenas o que merece, não reclame!

– Não sei do que falam, deixem-me!

Pretendendo sair correndo foi impedido por eles, e um outro, aproximando-se, indagou-lhe:

– Então, esqueceu-se do que fez? Não se lembra mais de mim?

– Não me lembro de nada!

– Pois então eu vou avivar a sua memória! Lembra-se de quando eu, doente e sem condições de trabalhar, necessitado de um tratamento para a subsistência da minha família, fui despedido? Lembra-se de que implorei que me desse uma oportunidade de me tratar, que trabalharia dobrado depois para ressarci-lo de algum prejuízo que lhe ocasionasse, mas não podia deixar a minha família ao desamparo? Lembra-se de que não me deu atenção, dizendo-me que não poderia manter no emprego ninguém que não lhe rendesse nada e até lhe desse prejuízo? Lembra-se de que me despediu imediatamente, e que depois a minha saúde só piorou e eu deixei o meu lar, a minha família, em situação de penúria por sua causa porque perdi a minha vida?

Thomas ficou estupefato de tudo o que aquela entidade lhe falou e não reagiu. Não se lembrava de nada, não o reconhecia e tentou continuar o seu caminho.

O pobre infeliz que havia desabafado, fazendo reviver de forma muito mais intensa todo o ódio que mantinha por ele, impediu-o, e, pulando novamente à sua frente, disse-lhe:

– Ainda acabo com você! Eu o destruirei por completo e farei com que retorne para este lado em que me encontro pelas próprias mãos.

Os outros, enquanto aquele desabafava os seus sentimentos, calaram-se, mas o olhar que dirigiam a Thomas era fulminante de ódio.

Sem poder reagir da forma como pretendia, fugindo para longe, ele teve outra atitude que o salvaguardava de modo diferente, deixando-o alheio ao que se passava ao seu redor. Correu para o seu quarto retomando rapidamente o corpo, despertando assustado, sufocado e ofegante, imaginando que tivera um terrível pesadelo.

Juvenal, a esposa e Stella, que até então haviam se mantido invisíveis aos olhos deles, acercaram-se do que havia falado a Thomas, a um sinal de Juvenal, e, mostrando-se a ele, o próprio Juvenal falou-lhe:

– Irmão, acabamos de ouvir o que disse a Thomas e compreendemos o quão infeliz se sente, guardando no coração um sentimento tão destruidor, não só direcionado para ele, mas muito mais prejudicial a si mesmo.

– Quem é você que assim me fala?

– Alguém que se comoveu com a sua história e quer ajudá-lo a libertar-se desse sofrimento.

– Eu só estarei livre do sofrimento quando conseguir vingar-me dele.

– Suponhamos que conseguirá! O que fará depois? Como se sentirá, percebendo que foi muito mais cruel com ele do que ele próprio o foi, fazendo-o sofrer? Se condena a atitude dele, não queira cometer o mesmo erro. Compreendemos o quanto sofreu, não só por si mesmo, mas pelos seus familiares, e queremos impedir que sofra mais. Nada do que fazemos fica impune diante de Deus, que faz cumprir a sua justiça sem que nos comprometamos por isso. O que ele tiver de passar pelos atos praticados, passará, estando você junto dele ou não! Não queira comprometer-se distanciando-se cada vez mais daqueles familiares que amava. Onde estão eles?

– Não sei!

– Pois então! Vá à procura deles que, com certeza, o aguardam com muito amor e ficarão muito tristes quando souberem o que anda fazendo.

– Quem é o senhor e por que me fala assim?

– Porque não desejo vê-lo sofrer, mas feliz, sem ódio nem desejo de vingança no coração. Você certamente nunca pensou no que vou lhe dizer, mas o ódio acorrenta corações, tira lhes a liberdade e a paz, e não vale a pena. Pensando que, com nossa atitude, ocasionamos sofrimento àqueles que nos prejudicaram, estaremos arrebanhando sofrimentos para nós mesmos. Saia daqui, abandone essa empreitada infeliz, procure os seus, regozije-se na companhia deles e desfrute de todo o amor que eles puderem lhe dar, dispensando-lhes, também, o seu amor.

– Não posso! Prometi vingança e a farei!

– É uma pena que assim pense, porque a vingança, depois de praticada, só traz um sabor muito amargo àqueles que a praticaram e a infelicidade continua, porém de modo diferente. Vingança nunca trouxe felicidade a ninguém, pelo contrário, depois de consumada traz um vazio muito grande àquele que a praticou, além do remorso que corroerá o seu íntimo quando compreender o porquê de ter sofrido nas mãos dele. Não sabemos, mas você deveria estar ressarcindo, naquela oportunidade, atitudes infelizes tomadas por você mesmo e que, se aceitar com resignação, o liberarão de muitos débitos, mas da forma como vem procedendo, se comprometerá ainda mais.

Até então só Juvenal falava, mas Stella, comovendo-se também com o sofrimento daquele infeliz e desejando ajudá-lo a mudar de atitude, falou-lhe:

– Veja, irmão, você que tem acompanhado Thomas, o quanto ele se sente infeliz. Perdeu a esposa que amava, não consegue ver o filho com os olhos do coração, e não tem paz nem alegria. Não precisa que fique com ele para fazê-lo sofrer, que ele, por si só, por seus sentimentos, pelo seu modo de ser, já sofre bastante. Não se comprometa mais com o que não vale a pena. Retire-se desta empreitada infeliz e leve também os seus companheiros que se encontram na mesma situação de cobrança.

– Não posso responder pelos outros!

– Está bem! – retornou Juvenal. – Se você conseguir se libertar e partir, já se dê por feliz, que, assim como estamos conversando com você, fazendo-o ver o erro no qual está incorrendo, nós ajudaremos os outros também.

– Para onde irei?

– Ore a Deus, peça a Ele que o leve para longe daqui, a um lugar onde possa desfrutar de paz e ter condições de reencontrar os seus.

– Deus, que já me fez sofrer muito, não me atenderá!

– Se você pedir com fervor, acreditando que pode ser atendido, Ele o atenderá.

Aquele irmão infeliz já estava convencido de que poderia ter uma vida melhor, mais digna, mais feliz, e Juvenal, a esposa e Stella, esperavam-no partir.

Ele pensou mais um pouco diante dos olhos dos três, e falou-lhes:

– Se tanto me ajudaram fazendo-me compreender a inutilidade do meu trabalho e os compromissos que poderei assumir se prosseguir, ajudem-me agora a partir. Que eu saia daqui tendo a certeza de que não estarei perdido, sem rumo, sem nenhum prognóstico de uma vida melhor.

– Deus não desampara nenhum de Seus filhos quando estão bem intencionados, mas auxilia os para que se refaçam e sejam mais felizes, mais esperançosos e mais úteis. Você não ficará ao desamparo, mas para que não tenha nenhum receio, faremos em conjunto uma prece pedindo auxílio para você. Eleve também o seu pensamento a Deus e acompanhe o nosso pedido, que logo teremos algum irmão abnegado aqui, que o encaminhará a um lugar de muito repouso e paz, para que se refaça desse período em que esteve tão apegado ao seu desejo de vingança.

Juvenal, acompanhado pela esposa, por Stella e pelo próprio irmão infeliz, fez uma ardente prece rogando ao Pai para que recolhesse aquela ovelha temporariamente afastada do seu rebanho, a fim de que se juntasse às outras que são felizes e vivem em segurança aos cuidados do Grande Pastor. Ao terminarem, duas entidades se apresentaram para levá-lo, dando-lhes a certeza de que estavam conseguindo o que desejavam, deixando Thomas em paz e em condições de pensar melhor em si mesmo, sem nenhuma influência perniciosa quando conseguissem também que todos os outros fossem retirados.

Juvenal abraçou o irmão que partiria e percebeu que dos olhos dele, lágrimas se derramavam demonstrando a sua felicidade e a sua gratidão.

Os dois partiram levando-o, dando-lhes a esperança de que em pouco tempo conseguiriam o que tanto desejavam.

| 5 |

NOVA TENTATIVA

QUANDO AQUELE EPISÓDIO FICOU terminado, eles olharam ao redor, retornaram ao quarto de Thomas mas não puderam ver nenhum daqueles que ali se encontravam. Todos ficaram amedrontados e se esconderam, esperando o perigo passar para se fazerem presentes novamente e continuarem a sua ação.

Não desistiriam facilmente apenas porque foram intimidados, e os três que ali estavam em auxílio também os convenceriam quando eles menos esperassem.

A primeira tentativa fora profícua, e os outros também partiriam, não temerosos mas felizes por terem encontrado um novo caminho de paz e realizações mais nobres.

Aquela noite terminou com bom resultado. Na seguinte, ou mesmo durante o dia, se houvesse oportunidade, se apresentariam para convencer algum outro ou, quem sabe, mais que um de uma vez, dependendo das circunstâncias.

Aquele dia Stella passou junto do filho, regozijando-se em sua companhia.

Nova noite chegou e eles tentariam um outro trabalho. Thomas, ainda trazendo a lembrança do "pesadelo" que tivera, receava deitar-se para dormir, mas mesmo relutando contra o sono, foi vencido por ele, e seu Espírito, desprendendo-se, como que desconfiado pela lembrança que trazia, olhava de um lado a outro, temendo deixar o quarto. Juvenal que queria impedir uma nova situação difícil, aproximou-se e, dirigindo-lhe a palavra, falou:

– Não tenha receio, eu o protegerei!

– Quem é o senhor?

– Alguém que deseja ajudá-lo! Venha comigo que iremos conversar.

Os que desejavam abordá-lo, fazendo-o sofrer, recolheram-se a um canto, vendo Juvenal abordar Thomas. Enquanto isso, Áurea e Stella apresentaram-se a eles, aproveitando assim melhor o tempo para o que pretendiam.

Mesmo que aquelas entidades infelizes continuassem no lar, aos poucos seriam convencidas, mas Thomas também seria trabalhado.

– Para onde me leva?

– A um lugar seguro onde possamos conversar sem que ninguém nos perturbe!

– Não estou entendendo!

– Logo entenderá! Eu o ajudarei mas preciso que também nos ajude!

– Em que posso fazê-lo?

– Logo saberá, acompanhe-me!

Em pouco tempo os dois deixaram a casa e se dirigiram a um lugar tranquilo, diante da natureza aberta, sob um céu estrelado e uma lua brilhante, e Juvenal começou a falar:

– Há poucos dias estou em seu lar e tenho observado o que se passa lá dentro. Vim para realizar um trabalho e fui surpreendido por aquelas entidades infelizes que ali se encontram, desejando destruí-lo por vingança pelo que já sofreram em suas mãos.

– Não me lembro de que os tenha feito sofrer!

– Ouvimos o que um deles lhe falou a noite passada e já o convencemos a partir. Aquele não o importunará mais, porém, há outros que pretendem prejudicá-lo mas nós estamos atentos e os auxiliaremos também.

– Qual o seu interesse em me ajudar se não o conheço?

– O meu interesse é muito maior e mais amplo do que possa imaginar e logo saberá qual é! Existe um ser que tem se preocupado com você e sofrido por isso. Um ser que o amou muito e o ama ainda e não deseja vê-lo trilhar um caminho que poderá ser de muito sofrimento, se você não modificar seus sentimentos.

– Já sei de quem fala! Só pode ser da minha querida Stella. Sei também a que se refere, mas o que ela deseja está além das minhas forças.

– E qual é o limite dessas forças, que sabe, vai além? Qual o limite de um sentimento de amor, ou qual o limite de um sentimento de repúdio? Nossos limites nós mesmos os impomos. Quanto mais os ultrapassarmos nos sentimentos elevados como o amor, maior será nosso mérito, porque o amor nos leva a sacrifícios em favor dos que amamos. E num âmbito bem mais amplo, leva-nos a ações nobres e meritórias diante de Deus, porque o estendemos a muitos, sobretudo aos necessitados e não o restringimos apenas aos que nos rodeiam.

– O senhor está levando muito longe os seus conceitos.

– Porque vejo que os bons sentimentos não devem ter limites nem medidas. Veja você que falo do amor! Imagine agora, se falar dos outros sentimentos, daqueles contrários aos preceitos de Jesus, dos que nos comprometem, sobretudo quando os direcionamos a um ser que depende de nós, um ser a quem demos vida como resultado do mais profundo sentimento de amor.

– Não quero ouvir nada sobre esse assunto que só a mim pertence!

– Podemos, para lhe mostrar a responsabilidade que assumimos, comparar o que faz com seu filho ao que fez àquele que lhe lembrou da sua história a noite passada. Você diz que não se lembra. Há quanto tempo aqueles acontecimentos devem ter se dado? Você não sabe, mas acredito que tenha sido há muito tempo atrás em uma das suas encarnações que pode nem ter sido a última. Veja que o ódio, o rancor, ultrapassam as barreiras do corpo físico e permanecem no espírito porque os sentimentos a ele pertencem. E dos sentimentos contrários ao amor, ao perdão, gera o desejo de vingança, ocasionando sofrimentos tanto ao que se vê preso àquele que odeia desejando prejudicá-lo, como ao que sofre a ação, pelo que lhe fez. Nada disso haveria se cada um agisse, em relação ao seu irmão em Cristo, com sentimentos mais nobres, mais elevados, mais piedosos, para que não granjeasse inimigos, mas amigos.

– Não estou interessado em ouvi-lo. Dos meus sentimentos cuido eu e ninguém tem o direito de interferir.

– De fato, não temos o direito de interferir mas temos o dever de abrir os olhos daqueles que estão semeando sentimentos inadequados entre seus irmãos. Temos o dever de ajudar um irmão nosso a não cair no abismo dos compromissos, dos quais não sabemos a profundidade mas sabemos a extensão do sofrimento que causa. Ainda mais – estamos aqui para abrir-lhe os olhos em relação a seu filho, que não deve sofrer o seu desprezo por uma culpa que lhe impôs, de acordo com o seu julgamento, sem analisar a realidade. A vida nem sempre é aquela que desejamos viver, mas temos de aceitá-la e procurar conduzi-la da melhor forma possível para não desperdiçarmos uma encarnação que é a oportunidade maior que temos como espírito imortal que somos. Deus nos-la concede porque quer Seus filhos todos redimidos dos males que um dia possam ter cometido, e não para que continuem se comprometendo mais. Não estou só neste trabalho que estamos desenvolvendo em seu lar. Disse-lhe que alguém sofre muito pelo que tem feito a seu filho e já compreendeu que é a sua esposa. Se a amava como o diz, por que a deixa sofrer? Onde ela se encontra, não tem paz, tanto por você quanto por ver o filho desprezado. Que sentimento você está deixando crescer no coração daquela criança? Ele ainda nada entende da vida mas sente o seu desprezo. Quando ele crescer mais, como viverão? O que lhe proporcionará em oportunidades se o despreza, se o ignora? Que contas prestará a Deus que lhe confiou esse filho para que dele cuidasse e orientasse seus passos sempre no caminho do bem, do amor?

– Nunca pensei nisso!

– Pois deveria pensar! Cada criança que vem a um lar, não chega por acaso, mas é resultado de todo um plano para que seja ajudada a cumprir a sua encarnação da melhor forma possível, sob o apoio do amor dos pais, da sua orientação, porque ele também, como nós, é um filho de Deus em busca de evolução. Se ele está no nosso lar é porque fomos os escolhidos para isso ou ele mesmo nos escolheu. Ou diante de compromissos do passado que precisam ser ressarcidos, ou esperando a nossa orientação para que ressarça do modo mais nobre possível os que traz com outras pessoas, aprimorando o seu espírito e liberando-se de débitos. Veja a nossa responsabilidade com cada ser que nasce no nosso lar! O trabalho é difícil, mas se o realizarmos com amor, o amor que um pai deve dedicar a seu filho, torna-se não só mais fácil mas muito mais agradável, porque ele também tem muito a nos proporcionar. É uma troca.

– De tudo o que o senhor falou o amor deve vir em primeiro lugar. No entanto, o amor não se impõe a ninguém, ele deve nascer naturalmente como resultado da paz, da alegria, do bem-estar que se sente junto da pessoa amada, e, acima de tudo, das afinidades, e eu não sinto afinidade, não sinto amor pelo meu filho. Sinto, ao contrário, uma sensação muito desagradável de repulsa, de rejeição, porque o culpo pela partida da minha querida Stella.

– Se o senhor pensasse um pouco em Deus, na sua magnanimidade, na sua justiça e no seu amor, olharia seu filho como a bênção que Ele lhe deixou no lugar daquela que deveria partir. Temos o nosso tempo na Terra limitado dentro de uma programação realizada de acordo com as necessidades de resgate de cada um, não só do espírito que parte mas dos que ficam também. Se ela o deixou foi porque o deveria, e se o senhor sofre a sua partida, também deve estar resgatando débitos que seu espírito traz. O bebê que ficou foi para ajudá-lo a transpor esse período, para se verificar a sua capacidade de conduzi-lo pela vida, sem a esposa, dedicando-lhe muito amor, preenchendo a tristeza dos seus dias com a alegria da sua presença. E dispensar a ele também, que veio ao mundo sem ter o carinho da mãe, todo o seu amor, para que sinta menos a falta que ela lhe faz. Ao invés disso o que aconteceu? O senhor, além de ignorá-lo não gosta dele, e entregou a outrem, uma pobre desconhecida, mas que o ama muito, as responsabilidades que eram suas. É perfeitamente compreensível que tenha alguém para cuidar de seu filho, e que esse alguém o ame, mas que esse amor não substitua o seu. O amor que um pai deve dedicar a um filho não deve ser substituído por nada.

– Já tenho falado a mim mesmo o que está me dizendo. Procuro, às vezes, olhar meu filho com os olhos do coração, mas nada sinto. É como se ele fosse um estranho para mim.

– Por sua própria culpa, pelos próprios sentimentos que lhe dedica, pela frieza com que o tem tratado. Mas tudo isso pode se reverter se se empenhar, se o tiver junto de si, se se interessar pelos seus brinquedos, se se esforçar para fazer-lhe um carinho, para ouvir a sua fala, para ensiná-lo a chamá-lo de papai. Você nunca experimentou quão agradável e terno é ouvir um filho nos chamar de papai, nos abraçar e dizer que nos ama. Solicitar-nos sempre para nos contar ou mostrar alguma coisa. A sua vida seria outra, mais feliz, mais alegre, mais agradável e mais útil. Todo pai não vê a hora de voltar para casa para poder brincar com o filho, ver o seu sorriso, esquecendo, junto dele, as preocupações que a vida impõe aos adultos, tornando seus dias mais suaves e amenos. Porém, ao invés disso, o que faz de seus dias? Horas intermináveis de tristeza, de aborrecimento e de irritação, dando ensejo a todos aqueles que se encontram no seu lar em cobrança de dívidas do passado, de se aproximar, de o atormentar, porque querem levá-lo ao suicídio, fazendo crer que para você nada mais é possível. Que somente a morte o libertaria de uma vida de tanto tormento interior.

– Como o senhor sabe que tenho pensado em também me retirar da vida para encontrar-me com minha querida Stella?

– Não é difícil, basta acompanhar aqueles que lá estão, porque essa sugestão parte deles. Primeiro eles o atormentam, depois apresentam o suicídio como única solução para você, porque querem vê-lo sofrer ainda mais. Eles sabem muito bem o que o suicídio representa na vida de um espírito. Você jamais se encontrará com Stella porque ela está numa faixa evolutiva diferente da sua, e àqueles que se retiram da vida pelas próprias mãos, desprezando os desígnios de Deus, um lugar muito triste e de muito sofrimento lhes está reservado. O suicídio é a maior infração que cometemos contra nós mesmos e contra Deus, nosso Pai, que nos deu a vida como oportunidade evolutiva, pelo aprimoramento, pelo ressarcimento de débitos. Suponho que não queira uma vida dessas para o senhor. Eles o fazem pensar que se encontrará com Stella, porém, mais se afastará dela. Um encontro com aquela que foi sua esposa pode lhe ser proporcionado, depois da sua partida da Terra, se você viver pautando suas ações conforme Jesus ensinou, cumprindo as suas responsabilidades de pai, amando seu filho, cumprindo suas obrigações para com ele, aprimorando o seu espírito pelas atitudes nobres, resultado das virtudes que deve ter incorporadas ao espírito. Nada que fuja desse preceito o aproxima de Stella. Se a ama como diz e deseja um dia estar com ela, comece por modificar-se, que ela mesma o ajudará porque também o ama, mas ama muito mais ao filho que deixou sem poder criá-lo e sabe o quanto ele precisa do pai que o recusa.

Thomas nada disse depois de ouvir estas palavras, mas Juvenal completou:

– Bem, o que eu poderia lhe dizer para abrir-lhe os olhos e o coração, já o fiz, mas não posso modificá-lo à força porque esse é um trabalho que cabe somente a si mesmo.

ENTENDENDO QUE JÁ HAVIA lhe falado o suficiente para que ele pudesse pensar e, quem sabe, chegar a alguma conclusão favorável ao filho e a si próprio, Juvenal convidou-o para retornar, dizendo:

– O dia começa a colocar suas primeiras claridades e devemos retornar. Esclarecido você o foi. Ao retornar ao corpo não terá a lembrança exata do que conversamos, mas seu espírito guardará a essência de tudo o que lhe disse, para que possa refletir nas próprias ações e começar a modificar-se. No entanto, se de nada valeu esta nossa conversa, se nada irá mudar no seu coração, eu só tenho a lamentar, mas pelo menos cumpri o trabalho que me impus em ajuda a Stella que está muito preocupada.

– Onde está a minha querida Stella?

– Em seu lar, trabalhando para que seu filho tenha um pouco do seu amor.

– Por que ela mesma não veio me falar?

– De que lhe adiantaria? Ela já não esteve em seu lar falando-lhe, e de que adiantou? Voltemos agora e, se quiser vê-la, falar-lhe, levar-lhe um pouco de alegria, ame seu filho.

– Vamos! – respondeu ele sem nenhum comentário.

Eles haviam se afastado do lar, mas em pouco tempo lá se encontravam novamente.

Stella estava ansiosa para saber o que haviam conversado e o que Juvenal havia conseguido.

Thomas, assim que entrou, sem nenhuma palavra, como se quisesse esconder-se de si próprio e se libertar daquela situação constrangedora e incômoda que lhe impuseram, retomou imediatamente o corpo, despertando um tanto ofegante e com uma sensação inexplicável de desagrado.

– Como Thomas se portou? – indagou Stella a Juvenal.

– Da forma como já o conhece! Argumentei, falei muito, mas tenho para comigo que de nada adiantou. Ele parece ter o coração fechado para sentimentos mais ternos, e fechou nele a sua lembrança que o faz ainda viver e não admite que ninguém mais penetre nele, nem mesmo o filho.

– O senhor não lhe falou que com essa atitude ele apenas me afasta ainda mais dele?

– Falei tudo o que o podia e devia, usei de todos os argumentos, e houve um momento em que parecia que iria convencê-lo, mas depois reagiu novamente. Entretanto, deixei para ele muitos elementos de reflexão que espero, possam lhe trazer algum bom resultado. Devemos aguardar! E aqui, o que houve durante a nossa ausência?

– Tentamos falar aos que restaram na casa. Dois deles se esconderam mas um nos ouviu, compreendeu nossa boa intenção e prometeu retirar-se mas ainda não o fez. Veja, é aquele que se encontra ali no canto do quarto, pensativo.

– Vou lhe falar! – exclamou Juvenal, dirigindo-se até ele.

– Então, amigo, como se encontra?

Levantando os olhos do chão e retornando dos seus pensamentos, ele respondeu:

– Muito mal!

– Ora, por quê? Se estiver precisando de ajuda, estamos prontos para isso!

– Preciso criar coragem para partir. Compreendi hoje que de nada adianta ficar aqui, pois, além de estar perdendo um tempo precioso que poderia utilizar em meu próprio benefício, teremos nosso trabalho nulificado por vocês que desejam ajudar Thomas.

– O irmão está enganado! Aqui estamos em auxílio a todos vocês para que se libertem dessa empreitada infeliz que se impuseram. Sabemos que devem ter sofrido nas mãos dele, em vidas passadas, e não devem sofrer mais. Um dia todos estarão redimidos diante de Deus, tanto você quanto ele; por que, então, retardar esse momento? Seja esperto e procure a sua libertação o mais rápido que puder. Deixe-o cumprir a sua vida de encarnado que não é nem será fácil, mesmo que não esteja mais aqui e afaste-se. Como espírito liberto do corpo suas possibilidades são maiores. Faça o seu aprendizado, estude, trabalhe, para se redimir sem se comprometer mais, e, um dia, quando retornar à Terra, o faça sem trazer tantos compromissos. Você sabe que os compromissos assumidos ficam marcados no espírito e, para desfazer essas marcas, muito sofrimento terá de passar. Parta sem demora que Thomas também tem suas marcas para desfazer, e não será sua presença que o fará sofrer mais. Pelo contrário, quanto mais ele sofrer, ocasionado por vocês, mais rapidamente ressarcirá seus débitos, enquanto você se compromete. Não pense mais em ninguém senão em você mesmo e parta para ser mais feliz.

– O senhor tem razão! Ajude-me a partir!

– Ore a Deus que Ele lhe dará forças e logo um emissário Seu estará aqui para levá-lo. Basta pedir com o coração, desejando viver uma vida melhor, pautada pelos ensinamentos de Jesus, esquecendo mágoas e desejo de vingança.

– Eu o farei! Obrigado pela ajuda que me está dando!

– Que Deus o abençoe e abençoe a todos nós, dando-nos força para sempre reagir ao mal que ainda reside em nós mesmos.

Juvenal estava considerando o trabalho que realizavam bastante eficaz. Duas entidades infelizes que habitavam aquela casa, encontravam uma nova vida pela aceitação do aconselhamento e dos esclarecimentos que lhes transmitiam. Duas ainda faltavam, porém, como haviam sido bem-sucedidos com as primeiras, o seriam também com elas, que encontrariam um novo caminho mais feliz, com objetivos mais elevados.

Depois, os três reunidos, Juvenal, Áurea e Stella, dariam prosseguimento ao trabalho já iniciado em Thomas que, liberado de influências negativas, poderia ser mais receptivo, aceitando William com amor.

Entretanto, precisavam contar com as próprias convicções de Thomas que sabemos, eram rígidas e consistentes dentro dos seus sentimentos em relação ao filho. Trabalhariam muito, seria difícil, mas sempre havia uma esperança. Quem sabe algum ponto vulnerável encontrassem que o abalaria, auxiliando-os na consecução dos seus objetivos, sobretudo dos de Stella, para ver o filho mais feliz e para que ela própria tivesse paz.

Em mais dois dias eles conseguiram que os outros dois aceitassem o auxílio que lhes ofereciam e se retiraram também, compreendendo que nenhuma vingança é benéfica a ninguém, mas uma fonte de grandes compromissos.

O três estavam felizes e agora poriam em prática os planos para convencer Thomas.

Enquanto esses acontecimentos se davam, Stella passava grande parte do seu dia junto de William, transmitindo-lhe alegria e paz. A Ellen transmitia energias para revigorar-lhe o físico e o espírito, a fim de que estivesse sempre bem disposta para cumprir os afazeres domésticos e cuidar bem do seu filho.

Na primeira noite em que ficaram liberados dos que deixaram a casa, os três se reuniram para estabelecerem o seu plano de ação, dividindo as tarefas entre os três para que fossem felizes na sua consecução.

Juvenal esperou Thomas-espírito voltar para o despertar na manhã e o interceptou à sua chegada, antes dele retomar o corpo.

Eles o haviam deixado sair em liberdade enquanto conversavam, mas, ao seu retorno, deveriam começar a agir.

Vendo-o, Thomas surpreendeu-se, exclamando:

– O senhor novamente!

– Sim, eu mesmo, meu amigo!

– O que quer de mim?

– Apenas perguntar como foi o seu passeio, agora liberado de todas as entidades que o assediavam.

– Realmente não encontrei ninguém, nenhuma se aproximou de mim e estive em paz.

– Sei que nenhuma se aproximou de você porque promovemos a retirada delas desta casa, reintegrando-as a uma nova vida feliz. Veja que até elas, trazendo tanto ódio no coração, tantas mágoas e desejo de vingança, atenderam ao nosso apelo, reconheceram que não estavam agindo bem, e que o que faziam viria em prejuízo delas mesmas.

– O que o senhor quer dizer com essa explicação?

– Justamente o que entendeu! Por enquanto eu posso dizer que você está muito mais ferrenho nos seus sentimentos que elas, que se comoveram às nossas palavras e agora estão sendo auxiliadas a se recomporem para uma vida mais feliz.

– Cada um tem suas próprias convicções e eu tenho as minhas.

– Que também serão abaladas, senão por nós, pela própria vida que é a melhor mestra de cada um de nós.

– Está me desejando mal?

– De forma alguma! Estou apenas prevenindo-o de que todos se modificam para melhor um dia; faz parte da lei a que todos nós estamos submetidos. Os que são mais sensíveis e inteligentes abreviam o quanto podem esse momento, para deixarem de sofrer, para não assumirem tantos compromissos. É apenas uma questão de tempo e de inteligência.

– O senhor é muito inconveniente!

– Apenas porque desejo abrir-lhe os olhos?

– Deixe-me em paz! – exclamou Thomas, retornando rapidamente ao corpo e despertando visivelmente transtornado.

Juvenal ainda ouviu quando ele murmurou de si para consigo:

– O que está acontecendo comigo que não tenho mais paz? Sinto-me pressionado de todas as formas sem saber por quê! Até quando terei que suportar esse mal-estar, essa impressão desagradável todas as manhãs quando desperto?

| 6 |

UM RECURSO ESTRANHO

THOMAS SE MOSTRAVA IRREDUTÍVEL e Juvenal já não tinha tanta certeza de que conseguiriam convencê-lo a receber o filho em seu coração.

Para profunda tristeza de Stella, ela também não via bons prognósticos, mas ainda era cedo para desistir.

Na noite seguinte ela mesma se apresentaria a ele pela primeira vez, desde que chegara, e alguma esperança a mais renascera entre eles.

– Nós ficaremos orando enquanto você estiver com ele, pedindo a Deus que lhe facilite esse contato, que coloque em sua boca palavras que lhe toquem o coração, e que os resultados sejam um pouco melhores – manifestou-se Juvenal.

– Eu mesma, hoje, renunciarei à companhia terna e agradável de meu querido filho e ficarei o dia todo em preces. Quando chegar a hora eu o esperarei e o abordarei com muita ternura, e, quem sabe, a mim ele ouça com mais disposição de ânimo.

– É o que desejamos, conquanto eu não esteja muito

esperançoso diante do que já enfrentei junto dele, da dureza de seu coração, no qual não deixa ninguém penetrar. Se você não conseguir, resta-nos duas alternativas: abandonar esta casa ou nos utilizarmos de recursos mais eficazes, não obstante chocantes para ele.

– Que recursos serão esses?

– No momento certo, se nada conseguir, saberá quais são. Entretanto, nem mesmo esses que guardo como última tentativa, podem nos trazer bons resultados. Tudo vai depender da sensibilidade dele, e, esta, temos tido provas de que não existe mais, se é que algum dia existiu.

– Thomas era diferente! A vida transformou-o assim!

– O que não o exime de responsabilidades, porque precisamos saber enfrentar as adversidades, com espírito forte e vencê-las, mesmo que nos sejam cruéis e levem o ser que mais amamos. A vida continua e nós temos que continuar com ela, procurando cumprir as nossas obrigações, superando os momentos difíceis sem inculpar ninguém pelos desígnios que Deus nos reserva, sobretudo um bebê que acaba de nascer e que deve ser a nossa alegria, o nosso conforto e alento, mesmo nas circunstâncias em que William nasceu.

– É muito difícil se ter, enquanto encarnado, o discernimento e o equilíbrio para enfrentar situações que nos abalam, que nos desgostam, como o senhor diz.

– Mas o esforço deve sempre fazer parte de todos, para que a própria vida não se torne cada vez mais cruel conosco. Ela nos devolve tudo o que fazemos, tanto as ações boas como as más. Veja a vida de Thomas como é, pelas suas próprias atitudes! Mesmo sem a sua companhia ele poderia ser feliz junto do filho, consolando-se com a companhia dele, levando uma vida normal e proporcionando também, à criança, um crescimento sadio e equilibrado.

– Quem sabe ainda consigamos modificar toda essa situação e, ao partir, levemos a alegria de vê-lo modificado também.

– Estamos aqui para isso e, esta noite, a oportunidade é sua.

– Deus me inspirará!

Quando Thomas se recolheu ao seu quarto, à noite, mesmo antes da hora de se deitar, apenas para não ter que suportar a presença dos que ele supunha, o importunavam, Stella acompanhou-o.

Embora sabendo que ele não a ouviria, ela acercou-se dele, falando-lhe, como um recurso para que pensasse nela, a fim de preparar o momento que teriam. Quando se deitou para dormir, ela ficou em preces para que ele a recebesse bem e fosse receptivo.

Algum tempo depois, percebendo que seu espírito se desprendia do corpo e encaminhava-se para fora do quarto, ela seguiu-o sem se mostrar ainda. Queria ver aonde ele iria. Porém, como ele parou na sala sem saber que rumo tomar, ainda desconfiado, olhando de um lado para outro, ela apresentou-se diante dele sorrindo.

– Querido Thomas, aqui estou!

– Stella, minha querida, tenho sofrido tanto! Venho sendo perseguido e não tenho mais paz.

– Ora, perseguido por quê? O que você fez?

– Eu nada fiz e acusam-me!

– Esqueçamos isso, não há ninguém aqui, agora, para acusá-lo de nada.

– Tem aparecido para mim um senhor que tem me falado muito e tem sido até inconveniente, perturbando-me a paz.

– Quem é ele?

– Eu não sei!

– Mas eu sei quem é! É Juvenal e sei também que não o persegue! Ele acompanha-me porque aqui estamos em trabalho e ele está ajudando-me. Você sabe o que pretendo e para isso voltei. Não consigo ficar em paz sabendo o que ocorre nesta casa, que William está sofrendo, e o que irá sofrer ainda quando entender melhor.

– Por que não desfrutamos deste momento, da sua presença, sem tocarmos nesse assunto que me desgosta tanto?

– Desgosta-me muito mais a mim pelo meu filho! E por ele eu lutarei muito. Não quero vê-lo desprezado pelo pai.

– Se era para repetir o que já me falou, não precisava ter vindo. Sabe que a amo, sinto muito a sua falta, mas não quero falar nesse assunto. Se continuar, volto para o meu corpo.

– É lamentável que assim pense e que precisemos nos utilizar de recursos mais drásticos para fazê-lo compreender a sua obrigação de pai.

– O que fará?

– Juvenal saberá o que fazer e eu confio nele. Lamento muito que assim tenha que ser, mas é necessário.

Vendo que qualquer palavra que pudesse dizer seria infrutífera, Stella despediu-se dele e foi ter com Juvenal e Áurea que a aguardavam, enquanto Thomas, aborrecido, voltou ao quarto e retomou o corpo.

O seu despertar não foi calmo. Estava irritado e ofegante, sem saber o porquê, mas sentia que algo desagradável havia ocorrido embora de nada se lembrasse, julgando que despertava de algum pesadelo.

Enquanto isso Stella, sentindo-se decepcionada e até incapaz, ao encontrar-se com os companheiros, exclamou:

– Nada consegui! Não consigo realizar esse trabalho a que me propus. Não devo estar preparada ainda!

– Não pense assim! O nosso trabalho não depende só da nossa parte porque somos apenas emissores mas há o receptor. Se Thomas, como receptor, recusa todo e qualquer apelo que lhe fazemos, não podemos nos considerar fracassados.

– Se eu tivesse argumentos mais convincentes, talvez o conseguisse, mas não posso esquecer-me de que o amo, penso em William e acabo por ficar sem ação diante da sua intransigência, da sua insensibilidade. Ele diz que me ama, fica feliz ao ver-me mas não permite que eu fale no nosso filho.

– Tenho muito mais experiência que você, já tenho trabalhado em situações muito mais difíceis, e tenho obtido os resultados desejados. Não é por nossa inépcia, mas por ele. Todavia, falta-nos o recurso extremo do qual lhe falei, e penso que nada mais nos resta senão utilizá-lo.

– Que recurso é esse e de que forma o convencerá?

– Ele nos trará uma grande oportunidade de sermos bem-sucedidos, porém, em se tratando de Thomas, já não tenho tanta certeza, mas é o último expediente que temos para utilizar, por agora.

– O senhor ainda não me falou do que se trata!

– Você o saberá, mas não agora. Preciso tomar minhas providências para a próxima noite. Não devemos perder mais tempo.

– O que fará?

– Deixarei você e Áurea e retornarei à nossa Colônia em busca de reforço e de um aparelhamento necessário ao que vamos realizar.

– Está me deixando curiosa!

– Despenda o seu dia junto de seu filho, desfrute da companhia dele que, à noite, estaremos de volta e você ficará sabendo o que faremos.

– Eu ficarei orando para que tudo dê certo, Juvenal! – expressou-se Áurea.

– Pois fiquem na paz de Deus que irei agora!

– Que Deus, nosso Pai, que nos auxilia sempre em nossas tarefas de amor, possa acompanhá-lo também e trazê-lo de volta na certeza de que conseguirá o que tanto Stella deseja para o bem-estar de seu filho, pela paz dela própria e para que Thomas também se modifique.

Assim que Áurea terminou estas palavras, Juvenal

saiu da sala e desapareceu. Ele possuía recursos suficientes para ir e vir quantas vezes fossem necessárias e trazer o que fosse preciso para a realização da noite.

Stella não sabia o que fariam mas confiava nos companheiros e nada indagou de Áurea. Respeitou a discrição de Juvenal porque sabia, se ele nada quisera lhe dizer era porque tinha o seu motivo.

O dia passou e quando a noite já havia se posto cobrindo a Terra com suas sombras, Juvenal entrou na casa trazendo consigo um jovem que carregava um aparelho.

Ele foi apresentado à Stella que não o conhecia, e depois cumprimentou Áurea com um sorriso, demonstrando que não eram estranhos.

– Estou muito curiosa, Juvenal! – falou Stella.

– Sua curiosidade será satisfeita esta noite!

– Não estou entendendo nada! O que farão com esse aparelho?

– No momento certo você o verá. Agora vamos instalá-lo e deixar tudo em ordem para quando Thomas deixar o corpo!

– Ele terá uma surpresa! – exclamou Áurea.

– Tem fugido de tudo e prosseguido como deseja, mas esta noite lhe trará surpresas! – retrucou Juvenal. Trouxemos tudo o que é necessário e esperamos que nada falhe. O nosso jovem Lírius tem muita prática nesta espécie de trabalho.

– E nós, o que devemos fazer? – indagou Stella.

– Ficará conosco, orará a Deus para que tenhamos sucesso e para que Thomas receba tudo o que vai ver, compreendendo a nossa intenção, sentindo a sua responsabilidade e modificando, depois, a sua atitude em relação ao filho.

– Não pode me esclarecer um pouco mais?

– Por ora não! O momento será de surpresa para ele mas o será para você também, que acompanhará tudo o que ocorrer aqui, e do qual também fará parte. Ore bastante, conforme lhe recomendei, que no momento certo será solicitada a fazer parte desse acontecimento, juntamente com Thomas, e o auxiliará também.

– Procurarei fazer a minha parte da melhor forma possível, para que os resultados sejam os que esperamos.

– Agora vamos preparar o de que precisamos. Quando trouxermos Thomas a chamaremos para participar também.

Quando ele se desprendeu pelo sono e pretendia deixar o quarto, Juvenal abordou-o, aborrecendo-o.

– Querido amigo, aqui estamos ainda e hoje teremos um trabalho diferente.

– Ainda não compreendeu que nada conseguirá de mim? Por que não desiste e não me deixa em paz?

– Depois desta noite, se tudo ficar concluído, eu o farei. É a nossa última tentativa. Se nem esta trouxer resultados satisfatórios, ficará entregue à sua própria sorte, ao caminho que você mesmo escolheu, com todas as responsabilidades e compromissos que vem assumindo e que se acumularão cada vez mais.

– Se, como diz, for só hoje, faça o que desejar fazer,

fale o que desejar falar, que, se cumprir a sua palavra, estarei livre do senhor!

– Promete-lho que tudo faremos para completarmos o nosso trabalho nesta noite mesmo, mas não vai depender apenas de nós, mas de você também.

– Então será mais rápido do que espera!

– É o que veremos! Venha comigo!

Juvenal levou-o a um recanto tranquilo da casa onde o aparelho fora instalado e Lírius a postos os esperava.

Áurea e Stella também estavam presentes, a pequena distância do aparelho, aguardando em preces, mas Thomas não as viu, pois teve a atenção despertada pelo aparelho e pelo jovem.

– O que farão comigo? Esse aparelho é para torturas? Pretende convencer-me à força impingindo-me sofrimentos para que eu faça o que o senhor deseja?

– De forma alguma! O nosso trabalho é sempre realizado com muito amor, visando ao bem-estar e à felicidade de todos. Jamais torturaríamos porque cada um tem o seu livre-arbítrio. Nós mostramos o caminho mais adequado com a melhor das intenções, sem ferir nem magoar ninguém, apenas para abrir os olhos dos que os mantêm fechados, mas a decisão não nos cabe.

– Vamos logo! O que devo fazer?

– Sente-se aqui! – pediu Juvenal, indicando-lhe uma cadeira diante do aparelho, cujas características eram totalmente desconhecidas de Thomas.

Se fôssemos comparar ao que conhecemos hoje, havia muita semelhança com uma televisão dos tempos modernos, pois uma grande tela tomava toda a sua parte da frente.

– O que é esse aparelho? Para que serve? O que deverei fazer?

– Já será instruído e, para isso, aqui está o nosso irmão Lírius que o orientará.

Além daquele aparelho um outro instrumento bem menor havia, à semelhança de um capacete com um fone de ouvidos, que Lírius tomou e colocou na cabeça de Thomas.

– Para que isso? O que farão comigo?

– Agora está tudo pronto! O aparelho será ligado e o senhor verá algumas imagens refletidas nele, e, em pouco tempo, com a ajuda desse aparelho que lhe coloquei na cabeça, reconhecerá cada um que aparecerá naquela tela, inclusive a si mesmo, embora com aparência diferente.

– Não estou entendendo nada!

– Logo entenderá, mas antes eleve seu pensamento a Deus e acompanhe-nos numa prece que faremos! – pediu Juvenal.

Thomas teve vontade de dizer que nada faria, que não estava mais habituado a orar desde que lhe levaram a esposa, mas não houve tempo. Juvenal começou a proferir uma prece pedindo a Deus que os auxiliasse e que fossem bem-sucedidos. Que Thomas se sentisse tocado com tudo o que veria, a fim de que pudesse refletir um pouco na sua trajetória de espírito, com os compromissos assumidos e as promessas feitas.

Terminada a prece, ele fez um sinal a Lírius para ligar o aparelho.

Diante de Thomas apareceu uma comunidade antiga, que demonstrava construções e costumes diferentes. Algumas pessoas se movimentavam, os trajes eram de tempos remotos.

Fixando-se no interior de uma residência, ele visualizou uma família patriarcal, cujo senhor era autoritário e fazia os filhos tremerem à sua presença e muito mais às suas palavras.

A imagem foi fixada naquela cena e Juvenal perguntou a Thomas se reconhecia alguém.

– Sinto que aquele senhor autoritário sou eu!

– Justamente! Veja que estamos apresentando um tempo bastante longínquo e o senhor parece que pouco mudou. Ainda é intransigente e tem o coração insensível!

– Não estou aqui para ouvir acusações!

– Prossigamos! – ordenou Juvenal a Lírius.

As pessoas naquela imagem começaram a se movimentar e apareceu, entre elas, uma senhora muito sofrida, que tudo levava a crer, fosse a esposa do intransigente senhor, pois chegava perto dele como uma escrava temendo as ordens do seu senhor.

– Quem é aquela? – indagou Thomas.

– Pois olhe bem que a reconhecerá!

– É a minha Stella!

– Ela mesma! Agora nós vamos parar mais um pouco essa imagem para algumas reflexões.

Juvenal fez um sinal para que Stella se aproximasse, mas se postasse de modo a que não fosse vista por Thomas.

Quando ela estava já presente e observando também a tela um pouco mais atrás do marido, Juvenal retornou com a palavra, dizendo:

– Veja, Thomas, que ambos, você e Stella, já estiveram juntos naquela oportunidade e em muitas outras, e ainda você a faz sofrer.

– Eu a amei muito e nunca a fiz sofrer.

– Vejamos novamente o que está se apresentando à nossa frente. Veja a submissão com que ela se apresenta a você, que, com certeza, tratava-a como uma criada, como uma procriadora de seus filhos, como uma serviçal do lar.

– Era obrigação de toda mulher, naquele tempo, ser submissa ao marido em tudo.

– Mas não era obrigação do marido maltratá-la como demonstra aquela imagem.

Stella, vendo a imagem e ouvindo os comentários, não acreditava ser aquela que se lhe apresentava à frente, mas como sabia que ali não estavam para brincadeiras mas para um trabalho sério e de grande importância, de nada duvidava.

– Vamos prosseguir! – pediu Juvenal a Lírius.

As imagens começaram a se movimentar e Thomas presenciou uma das cenas que eram frequentes em sua família naquele tempo. A esposa, diante dele, pediu algum dinheiro para o suprimento do lar e ele, esbravejando, empurrou-a para longe, derrubando-a ao chão.

Os filhos que estavam presentes, revoltaram-se e foram socorrer a mãe que tentava erguer-se.

Um deles, o mais destemido, aproximou-se do pai e, indignado, falou-lhe:

– O senhor não tem consideração por ninguém nesta casa. Que não nos trate bem é triste para nós, mas podemos suportar, somos jovens e fortes, porém, fazer o que faz com mamãe é imperdoável. Eu o odeio pelo que nos faz viver nesta casa!

Thomas daquela época não respondeu, porque, se o fizesse, faria o mesmo com o filho.

– Penso que já vimos o suficiente desta encarnação, pois deu para ter uma ideia de como o foi há alguns séculos atrás!

– O que farão agora?

– Demos-lhe elementos para que possa refletir, mas não vamos parar por aqui. Quero que veja as consequências dessas suas atitudes, quando, envelhecido e doente, passou para o mundo espiritual.

– E Stella?

– Pelos maus-tratos que teve de suportar, ela deixou-o muito antes. A sua velhice foi triste e só. Seus filhos, assim que tiveram condições, depois que a mãe os deixou, abandonaram-no e você, velho e doente, não teve quem lhe desse um remédio, um copo de água. Morreu abandonado, como acontece a todos os que são intransigentes mesmo na época atual. Mas vamos lhe mostrar um pouco do que passou depois, quando seu Espírito se viu liberto do corpo.

– Pode mostrar as cenas! – ordenou Juvenal a Lírius.

Ah, o que ele viu assustou-o sobremaneira. Ele reconheceu-se porque assim estava preparado, mas a sua aparência era terrível. A fisionomia dura e amedrontadora, as roupas rotas e os cabelos longos e desgrenhadas, em situação de grande sofrimento.

Muitas entidades daquelas que ele fizera sofrer, acompanhavam-no impingindo-lhe muito tormento. Não lhe davam paz em lugar nenhum e havia momentos em que ele gritava pedindo socorro.

– Não quero ver mais nada! – gritou Thomas.

– Se assim se manifesta é porque se identificou com aquela entidade que se mostrou a você. Foi bom, sentiu o que é o sofrimento depois da morte do corpo, quando ofendemos, prejudicamos e fazemos sofrer.

– Vocês estão sendo muito cruéis para comigo.

– Apenas mostrando-lhe como o foi, o que já fez e o que ainda poderá sofrer se não se modificar.

– Hoje eu sou diferente!

– Em alguns aspectos o é, porque o espírito progride. Em outros, porém, ainda tem o coração insensível e intransigente. Nós vamos interromper por hoje e faremos com que leve no íntimo, para quando acordar, a recordação desses fatos, e os tenha na mente como um sonho para que possa refletir, durante o seu dia, no que viu, a fim de que consigamos algum bom resultado de tudo o que fizemos.

– Não quero lembrar-me de nada!

– Nós não estamos aqui nesse empenho por nada.

Demos-lhe muitas oportunidades, fizemo-lo ver como tem procedido para com seu filho e de nada adiantou. Agora terá que enfrentar essa nova fase do que faremos como último recurso para o que pretendemos. Se de nada adiantar, o deixaremos entregue à sua sorte e às responsabilidades que assumir pela sua atitude, com todo o sofrimento que lhe acarretará depois. Ainda temos muito para lhe mostrar mas o faremos por partes para que de cada uma haja a reflexão.

– Quero voltar para o meu corpo.

– Já o liberaremos e fará o que quiser. Entretanto aconselho-o, antes de retornar ao corpo, saia para um passeio, Stella poderá acompanhá-lo e juntos poderão refletir, ela o ajudará!

– Não quero a companhia de ninguém, já estou cansado de ouvir sempre a mesma coisa.

– Pois faça o que desejar, a escolha é sua.

Thomas foi liberado e, com muita pressa correu para o corpo, despertando, trazendo sensações desagradáveis.

O que estava ocorrendo consigo que não tinha mais um repouso tranquilo? Despertava sempre com sensações estranhas e amedrontado. O que acontecia enquanto dormia?

O sono para ele era um mistério. Perde-se a consciência sem se perceber, dorme-se, sonha-se, desperta-se, mas o que ocorre nesse período?

Ah, sonha-se e ele sonhara muito, lembrava-se. Estivera num lugar diferente, em uma outra época, sentira-se como outra pessoa, depois vira-se sendo perseguido e sofrendo muito. O que teria acontecido? Que lugares eram aqueles que vira, quem eram as pessoas com quem estivera? Lembrava-se de Stella, mas até ela era diferente. O que teria havido? Por que seus sonhos eram tão estranhos?

Alguém lhe dissera que ele, ao despertar, traria lembranças para fazer reflexões. Porém, reflexões para quê? Vira-se na envergadura de um homem mau, severo e intransigente, e sentira depois um sofrimento muito grande, um abandono terrível e amedrontador, primeiro, depois a perseguição de muitos.

Seriam o abandono e a perseguição, consequências daquela sua vida de severidade impiedosa?

Não queria pensar em nada daquilo. Se se sentira mal durante o sonho, pior estava se sentindo com as recordações dele. Alguma coisa que não podia precisar o que fosse andava perturbando-lhe o sono, com reflexos, depois, quando desperto.

Para esquecer todas aquelas impressões que para ele não tinham muito nexo, levantou-se rapidamente e, como ainda era um pouco cedo para se preparar para o trabalho, foi para a sala e sentou-se naquela sua poltrona predileta.

A casa estava no mais absoluto silêncio. Ellen e as crianças ainda dormiam, mas logo ela levantaria para começar as lides do seu dia, que eram sempre muitas, e não poderia perder tempo se quisesse realizar tudo com esmero, como o fazia. Era reconhecida ao senhor Thomas, apesar de tudo, respeitava-o, mas não concordava com o modo como tratava o filho. Fizera muitas tentativas para aproximá-lo da criança mas nunca fora feliz. Agora já não insistia muito, mas quando havia alguma oportunidade, não deixava perder.

Quando deu a hora, percebendo que Ellen começava a se movimentar, ele apressou-se em voltar para o quarto para que ela não o encontrasse na sala.

O dia transcorreu em paz, Stella desfrutou da companhia do filho transmitindo-lhe bem-estar e alegria, e nova noite chegou.

Mais uma daquelas sessões seriam realizadas, mesmo com o desagrado de Thomas.

Quando todos novamente se recolheram para o repouso, como tudo já estava preparado, eles esperavam Thomas-espírito deixar o quarto para o surpreenderem sem que fugisse.

Estranhas sensações o envolviam naquela noite e ele demorava mais que o habitual. Juvenal entrou no quarto para ver o que acontecia e surpreendeu-o ainda acordado, com certo receio de entregar-se ao sono, pelas sensações que experimentava sempre ao despertar.

Entretanto, era necessário não perderem mais tempo. Juvenal transmitiu-lhe um passe tranquilizante e, em pouco tempo, ele se desprendeu pelo sono.

Quando Thomas-espírito o viu, teve ímpetos de retornar correndo ao corpo, mas foi impedido.

– Você sabe que não estamos aqui para persegui-lo, para fazer-lhe mal, mas para ajudá-lo. Nós não pensamos só no momento presente, mas no espírito que é imortal. De cada existência mal vivida, vão se acumulando débitos e sofrimentos e é isso justamente o que queremos evitar. Pretendemos auxiliá-lo, auxiliando o seu filho a ter um pai que não o despreze, e também Stella que sofre muito por toda esta situação que existe neste lar.

– Vejo que terei outra noite desagradável!

– Pois cabe a você mesmo ter noites tranquilas e agradáveis, se se modificar em relação a seu filho.

Thomas não respondeu e Juvenal tornou com a palavra:

– Não convém que percamos mais tempo! Temos muito trabalho para hoje!

– O que farão comigo?

– Nada que já não saiba, apenas verá uma outra época, outras imagens que poderão ajudá-lo também.

– Não tenha tanta certeza!

– Vamos, não percamos tempo!

Juvenal conduziu Thomas ao local do aparelho. Lírius o esperava, assim como Stella e Áurea, desta vez sem se manterem afastadas, e ele foi orientado para que se sentasse.

Antes de deixar que colocassem o capacete em sua cabeça ele olhou para Stella e pediu:

– Não deixe, querida, que façam o que estão fazendo comigo! Tenho sofrido muito com tantas perseguições.

– Ninguém o está perseguindo, mas ajudando. Coloque o capacete, que Lírius vai iniciar o trabalho de hoje e oxalá sejamos bem-sucedidos.

Apesar do apelo, o capacete foi colocado e o aparelho ligado.

Novas imagens surgiram, de um tempo um pouco mais recente que as anteriores, mas também um tanto remoto.

Elas mostravam um casal que havia se unido em matrimônio há algum tempo, e pelo que compreenderam, ambos desejavam muito um filho, mas não o tinham.

Naquela existência, Thomas da encarnação atual, reconheceu-se naquele homem, reconhecendo também Stella, a sua esposa. Ambos novamente estavam unidos e parecia que ele era mais cordial com a esposa, talvez pelo desejo de ambos não realizado.

Stella mostrava-se dócil e entristecida por não ter o seu desejo de maternidade satisfeito, e o marido, que parecia desfrutar de uma boa situação financeira, queria ter um herdeiro para continuar os seus negócios e gerir bem os seus haveres.

Nenhum comentário foi feito enquanto a imagem estava parada, mas Juvenal, antes de pedir que Lírius prosseguisse, indagou a Thomas.

– Percebeu bem a cena? Viu o quanto desejava um filho e não o possuía?

Thomas não respondeu, mas Stella comoveu-se com a cena, apesar de não se sentir como sendo aquela que a tela mostrava, porque não precisava desse recurso para aceitar pois o trabalho estava sendo realizado para o seu marido.

Juvenal pediu que prosseguisse e Lírius percorreu algumas imagens com rapidez e fixou-se em uma muito importante.

O Thomas mais sensível que fora mostrado no início, já havia se transformado e mostrava-se tal qual o fora naquelas imagens que lhes haviam sido mostradas, de um tempo mais remoto ainda.

Não haviam tido nenhum filho e ele maltratava a esposa por isso, acusando-a de inútil. Ela mantinha-se submissa, triste, por não poder atender aos rogos do marido, porém não estava nela, mas em algum impedimento de ordem superior e que eles não tinham condições de alcançar.

Thomas passou a maltratá-la fisicamente, agredindo-a quando a sua irritação era maior, sobretudo se havia ingerido alguma bebida alcoólica. E em uma das imagens subsequentes, ele viu a sua agressividade em um grau elevado de descontrole, que investiu contra a esposa com tanta força derrubando-a ao chão. Ela bateu a cabeça num móvel, desfalecendo.

Ele, vendo-a caída, nada fez, e deixou a sala gritando:

– Você teve o que mereceu, mulher inútil, que nem para me dar um filho presta!

A sua esposa ali permaneceu sem condições de se erguer, e quando ele retornou à sala, algum tempo depois, vendo-a ainda ao chão, vociferou:

– Nem para se erguer você presta!

E aproximando-se, tocou-a com o pé e percebeu que ela estava morta.

Ele, porém, sem se abalar, tornou a gritar:

– Morreu!? Melhor, se para nada presta é melhor que morra mesmo!

Stella estava chocada com o que via, mas compreendia bem o que se passava, com consequências nessa última existência que estiveram juntos.

Thomas não se abalou muito, nada comentou, mas Juvenal, que não poderia perder a oportunidade, indagou:

– Observou bem, meu irmão? Viu como era, como foi a sua vida nessa existência que acaba de visualizar? Talvez não tenha entendido bem, mas eu explico: – Sabe que nosso espírito passa por muitas oportunidades terrenas para fazer o seu aprendizado e demonstrar o que aprendeu para a sua evolução. Muitos, porém, desviam-se pelas imperfeições que ainda trazem e praticam atos condenáveis diante de Deus, prejudicando e fazendo sofrer a muitos. Essas duas existências que lhe foram mostradas, estão intimamente ligadas uma a outra. Na primeira que visualizou viu o quanto havia sido rude, impiedoso com a esposa e os filhos, mas entre essas duas, algumas outras houve e você havia melhorado um pouco. Permitido lhe foi que novamente retornasse com aquela que fora sua esposa – a que foi Stella – a fim de que a compensasse de tanto sofrimento que lhe impingira anteriormente e você prometeu que seria diferente. Contudo, como não soube tratar bem os filhos naquela existência, você viveria apenas com a esposa e não teriam nenhum filho, justamente para que sentisse a falta deles e aprendesse a considerá-los de forma mais terna, mais humana e você concordou. Com o passar do tempo, porém, sentindo a falta deles e esquecido do que trazia como resgate, revoltou-se e começou a acusar a esposa, só que o culpado era você mesmo.

Thomas ouvia sem nada dizer. Stella observava-o para ver a sua reação e notou que em um momento uma lágrima desceu de seus olhos e ele, baixinho, exclamou:

– A minha Stella, eu mesmo a eliminei e agora sinto tanto a sua falta.

| 7 |

ESPERANÇAS VÃS

PARA AQUELA NOITE JÁ fora suficiente o que lhe mostraram. De nada adiantaria acumular informações sem que tivesse a oportunidade de reflexão.

Vendo como Thomas estava, Stella fez um sinal a Juvenal, pedindo autorização para se dirigir ao marido. Ela desejava ajudá-lo.

Apesar do que também visualizara, do que sofrera nas mãos dele, já havia passado. Eles se amaram muito na última existência em que estiveram juntos, só não puderam permanecer por muito tempo pelas próprias circunstâncias reencarnatórias com os resgates que deveriam fazer.

Juvenal, depois, explicaria a Stella que aquela última existência em que ela partira tão cedo, fora assim programada justamente para que saldasse débitos antigos, auxiliando também a Thomas a resgatar os seus. Para que ele desse valor aos filhos que Deus manda a fim de serem reeducados, bem dirigidos na vida e fossem pessoas de bem, como também valorizasse o que é ter uma esposa solícita e amorável em sua companhia e compreendesse as circunstâncias da vida que foram obrigados a viver.

Tendo recebido o consentimento, ela aproximou-se do marido, dirigindo-lhe palavras de encorajamento e força para que ele pudesse compreender a finalidade maior de tudo o que fora mostrado.

A partir das imagens das quais fizera parte sempre como vítima nas mãos dele, ela compreendeu que também deveria estar resgatando débitos e não se surpreendeu tanto, pelo conhecimento que já adquirira. Thomas, porém, estava chocado consigo mesmo. Nem aquela existência que lhe fora mostrada na noite anterior o abalara tanto.

Nesta última ele sentira o amor que dedicava à esposa, mas pela sua incompreensão e brutalidade acabara por matá-la, e, nesta mais recente, em que a amava tanto, fora impedido de ficar com ela. Ainda mais, tivera que ficar com o filho a quem acusava de tê-la levado.

Depois dessas imagens, com certeza, compreenderia que o único culpado de tudo era ele mesmo. O filho, culpa nenhuma tivera, que era um inocente que mal acabara de nascer, e já fora privado do carinho e do seio materno.

Era óbvio que também aquela situação deveria ser necessária ao seu Espírito, mas não era necessário que tratasse o filho daquela forma.

Se conseguisse refletir, unir os fatos de uma existência com a outra, teria a sequência de três encarnações que estavam intimamente ligadas.

Stella o ajudaria, e, para isso, convidou-o:

– Querido, venha comigo!

– Você ainda me chama de querido depois do que eu fiz?

– Todos nós já erramos muito no passado das nossas múltiplas existências. Não nos cabe julgar ninguém porque também temos as nossas falhas Venha, vamos dar um passeio nesse tempo que lhe resta antes do despertar!

– Não tenho ânimo para nada!

– Justamente por isso deve esforçar-se – tomando as mãos dele, fê-lo levantar-se aos olhos dos que participaram daquela reunião, e conduzindo-o, deixaram a casa e foram caminhando.

Quando se encontraram num recanto mais aprazível, sob um céu ainda coalhado de estrelas fulgurantes, ela sugeriu:

– Fiquemos aqui! Sentemo-nos um pouco e conversemos!

– Tenho vergonha de você!

– Pois não deve ter! O que aconteceu comigo, com certeza deveria ter acontecido para o meu próprio aprimoramento. Não deve, por isso, martirizar-se mas esquecer. O que deve preocupá-lo é o daqui para a frente. Veja a oportunidade que está tendo desse alerta para as suas atitudes. Se tem a sensibilidade de estar sofrendo pelo que já fez, muito mais sofrerá pelo que vem fazendo ao nosso William. Você deve ter concluído por tudo o que viu que ele não tem culpa de nada. Se parti tão cedo deixando-os, é porque assim deveria ser.

– Como castigo para mim...

– Não diria castigo que Deus não castiga ninguém! O que Ele faz é para promover o nosso aprendizado, dando-nos oportunidade para refletirmos nas nossas próprias faltas a fim de que as corrijamos, auxiliando a nossa evolução. O que você deve fazer agora é pensar muito. Se compreendeu realmente tudo o que viu, tudo o que sentiu, despertará diferente, mais sensível, mais terno e mais compreensivo. Se quiser a minha ajuda, ficarei na sua companhia e o intuirei o tempo todo sobre o que deve fazer, de início, até que se habitue a uma nova vida junto de nosso filho.

– Não sei se conseguirei! Eu tenho já arraigado em meu coração uma indiferença muito grande por ele. Não será fácil modificar-me.

– Nada é fácil, e todo esforço bem-sucedido será uma vitória e um passo a mais para eliminar de vez esse constrangimento que criou entre você e ele. William é ainda muito criança e esquecerá tudo isso, dependendo do modo como tratá-lo daqui para a frente. Não queira acumular mais débitos, mas desfazer os que já traz no espírito, para que numa próxima existência, se Deus permitir, possamos vir novamente juntos e desfrutar de uma vida de amor, mas de trabalho e de mais aprimoramento para nossos espíritos.

Mais algum tempo os dois permaneceram juntos. Stella continuou a lhe falar sem que percebesse muita aquiescência de Thomas às suas sugestões, até que ela mesma, entendendo que a hora de voltar era chegada, convidou-o e ambos retornaram.

Imediatamente ele dirigiu-se ao seu quarto, ela acompanhou-o, e, antes de retomar o corpo, ele ainda pediu-lhe:

– Não me abandone!

– Mesmo que eu aqui não esteja, nunca o abandonarei. Você está sempre no meu pensamento, sobretudo agora que me encontro neste trabalho tão importante para todos nós. Preocupo-me com você, mas preocupo-me muito mais com William que é ainda muito criança e não sabe o que é um carinho materno. Ele que poderia ter os seus carinhos para suprir a falta dos meus, também não os tem, o que me deixa infeliz. Espero, porém, que esse trabalho que estamos realizando nesta casa nos dê algum benefício – a você que se modificará, a William que terá um pai sempre presente, e a mim que terei paz, vendo-os unidos e felizes.

– Nada posso prometer-lhe!

Abraçando Stella, ele retornou ao corpo, despertando.

Stella continuou junto dele para acompanhar o seu pensamento e verificar o que havia permanecido nele, e auxiliá-lo durante todo o dia.

Entretanto, pelo que verificou, ao despertar, ele trazia no espírito sensações que considerava desagradáveis, exclamando:

– Outra vez acordo sentindo-me oprimido, como se algo muito terrível tivesse acontecido em meus sonhos. O que sonhei esta noite? Não consigo lembrar-me! Tenho uma vaga impressão de que sonhei com Stella mas não sei o quê.

Aproveitando-se desse pensamento, ela aproximou-se dizendo:

– Sim, querido! Estivemos juntos, mas não foram sonhos. Conversamos bastante, lembra-se? Esforce-se que se lembrará de muito mais.

Parecia que ele ouvia as suas palavras porque a sua mente foi se aclarando e ele teve o momento em que estiveram juntos. Rememorou o que a esposa lhe dissera em relação ao filho, e após, algumas outras lembranças começaram a misturar-se em sua mente. Mas, pelo acompanhamento que Stella fazia, ela foi esclarecendo algumas, necessárias para que ele as tivesse para suas reflexões, e incorporando outras que lhe seriam também benéficas para a situação.

Ao final, antes de se levantar, ele possuía na memória o que havia acontecido, mas em forma de sonhos. Lembrou-se do que lhe mostraram, do que fizera, e, embora como sonhos, seriam elementos para suas análises. Eram um tanto confusos para ele porque misturavam acontecimentos de duas existências ligadas à atual, e, não obstante compreendendo que o que vira e sentira eram em referência a ele mesmo, não compreendia muito bem o que havia se passado.

O que ele tinha como certeza, porém, era que tudo o que se passara, o que fizeram, o que lhe mostraram, o que vivera, o que ouvira, tinha como ponto principal, como centro, o seu filho William. Por que se incomodavam tanto com ele?

Seria a preocupação de Stella com o filho? Com

certeza, seria. Porém, para que ocorresse o que pretendiam, uma mudança muito grande teria que se dar no seu íntimo, e ele, desperto, não tinha vontade de mudar nada.

Ah, quanto tormento vinha ocorrendo em sua vida ultimamente! Por que não o deixavam em paz?

Ouvindo essa indagação depois de umas considerações conflitantes para ele, Stella novamente lhe falou:

– É para o seu bem, meu querido! Para William que teria o carinho de um pai, mas muito mais para você que deixaria de assumir tantos compromissos. Preste atenção nele, olhe-o com olhos de um verdadeiro pai que se importa com o filho; lembre-se de que lhe foi mostrado que ele não tem culpa de nada. Tudo o que aconteceu era o que deveria acontecer. Trabalhe suas lembranças, seus pensamentos, e seja diferente, mais terno, mais dócil, que, em pouco tempo, o terá conquistado. As crianças são suscetíveis aos nossos carinhos e se voltam para nós assim que compreenderem, que sentirem que são amadas. Com a companhia dele sua vida será mais fácil, menos árdua, mais terna.

– Novamente esse pensamento! – exclamou ele. – Parece que alguém os coloca em minha mente sobrepondo-os aos meus mesmos para me atormentar.

– Jamais eu o atormentaria, meu querido! – retrucou Stella. – O que fazemos é para trazer-lhe paz.

Cansado, talvez, dos seus próprios pensamentos e dos que lhe eram sugeridos, levantou-se rapidamente e começou a preparar-se para o trabalho.

Nisso Juvenal entrou no quarto e Stella, indo ao seu encontro, falou-lhe:

– Temo que todo esse nosso trabalho esteja sendo feito em vão!

– Nenhum esforço é feito em vão. Nós fazemos a nossa parte e, se agora nada conseguirmos, um dia, com certeza, ele se modificará e se lembrará de nós, arrependido do tempo que perdeu.

QUANDO ELE SE ENCONTRAVA preparado para deixar o lar em direção ao trabalho, Juvenal sugeriu a Stella que o acompanhasse e não perdesse a oportunidade de influenciar a sua mente com o que pretendiam.

– O dia é muito longo e não podemos perder tantas horas! Há muitos dias chegamos, temos nos empenhado, utilizamo-nos de recursos só permitidos em casos extremos e nada ainda houve do que esperamos. Nenhum esforço ele tem realizado quando se encontra em casa em relação ao filho que continua a ser ignorado por ele.

– É-me penoso chegar a essa conclusão, mas tenho os meus receios, conforme já os expus. Quanto tempo mais poderemos ficar aqui?

– Vou entrar em contato com nossos superiores, expor o que temos feito e como Thomas está se portando, e eles, com sua sabedoria e experiência, saberão nos orientar sobre algum ponto a mais a ser trabalhado e nos dar um prazo para o retorno. Vá, acompanhe Thomas, que, ao seu regresso, devo ter novas instruções.

Stella seguiu com ele que fez o seu percurso cabisbaixo e pensativo, e pôde captar o que pensou, assim que deixou a casa.

– Ainda bem que me encontro na rua e livro-me de tantos pensamentos que me conflitam o íntimo. Aqui sinto-me liberto e nada me atormenta.

Lamentando que esse era o julgamento dele, Stella manteve-se ao seu lado sem nada sugerir, mas aproveitaria o seu dia de trabalho para fazê-lo pensar no lar e no filho, intensamente, para ver a sua reação quando voltasse.

Contudo, ao retornar, ele vinha cansado e até com um pouco de dor de cabeça pela luta íntima que enfrentara durante o dia – a lembrança do filho, imposta por Stella, os seus próprios pensamentos e o seu trabalho.

Encontrando Juvenal, Stella estava ansiosa por novidades e ele, sem palavras dispersivas, foi direto ao assunto:

– Orientado me foi que nada mais resta senão o que estamos fazendo, e que se em três dias nada notarmos de diferente em Thomas, devemos deixá-lo e partir.

– Três dias mais?

– O que é um bom prazo! O que deveríamos lhe mostrar, já o fizemos. Agora cabe-nos apenas trabalhar em cima das imagens que ele visualizou, tentando sensibilizar o seu coração.

– Se tiver que partir deixando aqui a mesma situação que foi causa da nossa vinda, irei muito triste.

– Fizemos a nossa parte e nos esforçamos bastante, mas não podemos modificar ninguém que não aceita os nossos argumentos e que se mantém numa atitude como a de Thomas, que parece armado contra tudo o que se refira a William.

– Como deixarei aqui o meu pobre filhinho?

– Nós trabalharemos os sentimentos de Ellen para que nunca deixe esta casa e cuide dele com o mesmo amor que tem por seus filhos. Você sabe que ela gosta muito dele.

– Sim eu sei, e é isso o que me conforta!

– De resto, nada mais podemos fazer! O futuro a Deus pertence, dentro do que o próprio Thomas fizer. Se futuramente ele sofrer, estará colhendo o que vem semeando.

Assim como já o faziam, eles continuaram o seu trabalho.

Aproveitavam as noites para falar diretamente ao espírito de Thomas, e percebiam que ele estava sendo resistente em se colocar no leito para o repouso, temendo o tormento, como ele considerava, estavam sendo suas noites.

Os três dias passaram e Stella não comoveu o coração do marido que se mantinha cético a qualquer influência a favor de William.

Na última noite que ainda teriam, Stella apresentou-se a ele dizendo:

– Tudo fizemos para tentar que você aceitasse William em seu coração como um verdadeiro pai deve fazê-lo e fomos além, mas foi em vão. Agora nada mais nos resta a fazer e vamos nos despedir esta noite. Parto com o coração muito triste por causa de nosso filho, mas por você também que ainda sofrerá muito. Sua vida será de muita solidão e desamor. Seu coração está enrijecido para qualquer sentimento mais elevado e eu lamento muito.

– Gostaria de ter tido a sua companhia todos estes dias, mas para que revivêssemos o nosso amor, e não como a tive.

– Quando estamos libertos do corpo, os nossos objetivos são outros. Os nossos olhos espirituais veem muito mais longe, tanto o passado quanto o futuro, que sabemos, será difícil se não soubermos viver o presente. E é com isso que me preocupo, mas de nada adiantou. Aqui nos despedimos e, quando tiver permissão para voltar, será para visitar meu filho, ver como ele se encontra e estimular em Ellen os cuidados e o amor por ele, esse mesmo que você lhe recusa. Se me amava como o disse tantas vezes, você quereria ver-me feliz, e não infeliz como me vou.

Thomas nada respondeu e ela ainda acrescentou:

– Que Deus se apiede de você e que um dia ainda possa tocar o seu coração. Adeus!

– Não vai me abraçar?

– Acho melhor não!

Assim falando, ela o deixou, foi ver mais uma vez o filho, e, em seguida ela, Juvenal e Áurea, partiram. Lírius já havia se retirado levando a aparelhagem que trouxera.

| 8 |

E O TEMPO PASSOU...

Uma oportunidade muito importante concedida a Thomas, fechava-se. Concluía-se um ciclo que, se aproveitado conforme esperavam, lhe proporcionaria uma vida mais fácil, mais feliz, não só para ele mas para o filho também.

Ele não podia avaliar o que perdia com a não aceitação de tudo o que lhe fora pedido. Nada do que lhe fora mostrado como exemplo, teve ressonância em seu Espírito.

Para ele, que não conseguira comover-se, suas noites seriam mais tranquilas, sem nada nem ninguém que o perturbasse nem que quisesse convencê-lo de nada. E sem se lembrar do que ocorrera, despertaria mais aliviado da pressão que sentira enquanto a esposa estivera no lar.

Ele não imaginava, porém, que eles, para começarem o próprio trabalho o haviam ajudado de tal forma, retirando de sua companhia aqueles irmãos infelizes que buscavam vingança, e que tudo o que pretendiam era apenas para o seu bem-estar, tanto presente quanto futuro.

Todavia, se continuasse naquele posicionamento de indiferença, pensando apenas em si mesmo sem ter se comovido com os apelos da esposa, outros inimigos do passado se achegariam e ele teria novamente uma vida de tormentos, não como considerava, com a presença dos que o queriam ajudar, mas dos infelizes que se comprazeriam em prejudicar.

Entretanto, fora a escolha dele e, se todos os esforços que fizeram haviam sido inúteis, nada mais restava senão deixá-lo à sua própria sorte.

William, alheio a tudo o que se passava, continuava a ter o amor de Ellen, e cresceria sem conhecer um carinho paterno. Ele não compreendia muito bem, na sua inocência infantil, quem era aquele homem que morava na casa.

Ellen lhe dizia que era seu pai. O garoto olhava-o, mas tão afastados ficavam que tinha receio dele.

Seriam os pais homens como aquele, que andam pela casa sem dar atenção a ninguém, sem se importar com nada, sem ter olhos para os filhos?

Na verdade, mãe ele não possuía, que Ellen lhe dizia que sua mãezinha estava no céu, porém, e o pai que nunca lhe fizera um carinho e estava despertando nele um certo sentimento de receio, ainda inexplicável pela pouca idade que tinha, mas demonstrado quando o via entrar em casa?

Se estivesse brincando na sala com a filha de Ellen,

que lhe dava mais atenção e até uma certa tranquilidade à mãe que podia desempenhar o seu trabalho, e ele visse o pai chegar, abandonava o que estava fazendo e corria à procura de Ellen como que fugindo daquela presença que lhe causava medo.

Dessa forma o tempo foi passando, William crescendo, e já estava na hora de procurar uma escola para ele.

A boa criada lembrou o senhor Thomas dessa obrigação, mas ele, não desejando se ocupar desse encargo, delegou-lhe a tarefa de providenciar para ele a mesma escola onde estudavam seus próprios filhos.

Tentando fazê-lo compreender que era melhor que ele mesmo o fosse, porque era preciso que conhecessem os pais dos alunos, ele não se deixou convencer e impediu-a de prosseguir, dizendo que ela o fizesse.

O garoto foi para a escola, aprendeu as primeiras letras, os anos continuaram a passar, os estudos preliminares foram se completando, e o pai mantinha-se na mesma indiferença. Porém, muito mais ranzinza, porque vivia atormentado pela cobrança de entidades do passado que sabemos, sempre se achegam e perturbam, sobretudo quando se lhes oferecem oportunidade.

Muitas vezes William, já consciente de que aquele homem era seu pai e que se tornara daquele jeito desde que sua mãe morrera, explicado por Ellen, observava-o e tinha vontade de se aproximar. Até tentava, mas Thomas não lhe dava atenção, deixava-o falando sozinho ou mandava-o retirar-se.

Era claro e inegável que o pai não gostava dele, e

o menino sentia muito por isso. Como gostaria, agora que tinha o entendimento mais aberto, de ter a companhia do pai para contar seus sonhos, as suas esperanças quanto ao que pretendia para o seu futuro, mas via-se impedido.

Ellen sempre o estimulava a que não desistisse. Que lhe levasse sempre as suas necessidades, mas seu receio era tanto que ele fazia dela a sua emissária junto ao pai, que também se sentia melhor assim, sem a presença do filho.

O filho de Ellen já estava trabalhando; não prosseguira os estudos porque a mãe não tinha condições de lhe proporcionar cursos mais avançados, e ele dizia que, quando pudesse, proporcionaria a ela uma vida mais tranquila sem ter que ser criada de ninguém, e deixariam aquela casa para uma só deles.

A filha de Ellen já a ajudava nos afazeres domésticos, o que a aliviava um pouco, e era muito apegada a William, apesar de ser um pouco mais velha que ele. Mas, justamente por isso, por tê-lo visto crescer desde o seu nascimento, considerava-o o seu irmão mais novo, embora soubesse que não o era.

DURANTE ESSES ANOS TRANSCORRIDOS, muitas vezes Stella teve autorização para retornar ao seu lar, em visita ao filho.

Acompanhou o seu crescimento, transmitindo-lhe

sempre palavras de encorajamento, de estímulo e força para que ele não sucumbisse ao problema que enfrentava no lar.

Ela percebia que ele, como que captando o que lhe dizia, olhava em torno para verificar se via alguma coisa estranha e diferente, tão forte eram as sugestões que recebia. Ao cabo do que lhe dizia, havia sempre um sorriso nos seus lábios, como se ele tivesse passado por um banho de renovação interior, e o que enfrentava do pai, não tinha importância. Ele vivia, a vida era bela e cheia de oportunidades, era saudável e tinha sonhos, e seus sonhos se realizariam porque ele os merecia. Um dia a sua vida mudaria e quando tivesse uma profissão nas mãos, conquistaria a sua independência, formaria o seu próprio lar e o conduziria de modo bastante diferente.

O que levava como experiência do que acontecia e suportava, seria muito importante porque lhe dava o parâmetro do que deveria evitar. Ah, quando tivesse o próprio lar, quando encontrasse alguma jovem que amasse e por quem fosse amado, sua vida se transformaria. Seu coração, tão terno e tão carente de amor seria feliz, sorriria, e tudo ao seu redor teria outro valor.

Quantas palavras semelhantes ela lhe transmitia colocando esperanças novas no seu coração, esperanças de felicidade.

Ao mesmo tempo em que todos esses sonhos adentravam o seu coração, ele pensava no pai.

Era óbvio que não era amado por ele, porque, para que nascesse, sua mãe tivera que partir, conquanto Thomas nunca mais o acusara de culpado pela morte da esposa, embora no seu íntimo ainda era esse seu pensamento, mas continha-se diante do filho. Ignorava-o de tal forma, que nem para acusá-lo queria se referir ou dirigir-se a ele.

Nunca mais Stella, ao visitar o filho, falara com Thomas. De nada adiantaria se o fizesse, depois de ter tentado tudo e nada conseguido.

Ela ainda lamentava o posicionamento do marido, sabia que ele sofria, pois encontrava sempre na casa entidades infelizes que o perseguiam, notava que ele estava cada vez mais ranzinza quando se dirigia a alguém no lar, cada vez mais fechado em si mesmo, mas nada lhe dizia. Para ele era como se a esposa estivesse em algum lugar reservado aos mortos, de onde não poderia sair. Nem a lembrança de todo o empenho que ela fizera para modificar seus sentimentos em relação ao filho ele tinha mais, mesmo porque tudo havia sido realizado quando se desprendia do corpo pelo sono, e nenhuma lembrança lhe restava.

O que ela fazia sempre que estava no lar era agradecer a Ellen os cuidados que tinha com seu filho e com o marido, e estimulava-a cada vez mais a prosseguir, encorajando-a também, para que não desfalecesse a sua vontade nem o seu amor por William.

Ela percebia também que Ellen, depois das suas palavras, sentia-se mais fortalecida espiritualmente, com reflexos no seu físico, pois precisava muito dele para continuar a desempenhar suas funções no lar. A filha ajudava-a, mas a responsabilidade e o comando eram dela e precisaria estar sempre bem para que nada perecesse, e disso Stella cuidava, dentro da permissão e das possibilidades que possuía, e estava ajudando.

Contudo ela preocupava-se. Se um dia a boa Ellen adoecesse, o que seria de seu filho, do seu marido?

Outra não teria para com William o amor que ela lhe dedicava, nem a paciência de suportar o mau humor e as esquisitices de Thomas.

Ela o compreendia. Estava naquele lar desde os primeiros dias do nascimento de William, por isso compreendia as necessidades e carências de ambos, e esforçava-se para fazer o melhor para o pequeno, pois, além dos cuidados que tinha para com ele, em relação à sua roupa, à sua alimentação, amava-o como se fosse seu próprio filho.

Acompanhou-o em todas as transformações que uma criança vai apresentando. O primeiro sorriso, o primeiro passinho, a primeira palavra, tudo ela trazia nas suas lembranças como o trazem as mães verdadeiras, e estava sempre à disposição para ouvir as suas preocupações e aconselhá-lo nas horas mais difíceis, mesmo que fosse por motivos banais, mas para ele muito importantes. Ele sentia a falta de uma mãe, como ouvia seus colegas se referirem às deles, sentia falta do pai, não obstante convivesse com o seu diariamente, mas podia considerar-se, de certa forma, muito feliz, porque tinha a boa Ellen, constantemente no lar, como se tem uma mãe.

Era um menino bom, lamentava o afeto que não tinha do pai, mas agradecia a Deus o que tinha de Ellen, e, de certa forma, sentia-se feliz.

COM OS ANOS TRANSCORRIDOS, as transformações não se operaram somente em William que, de criança tornou-se jovem.

Para Thomas o tempo pesou muito mais, foi muito mais penoso. Sempre ensimesmado no que entendia, eram os seus problemas, sem nunca conversar com ninguém, mantendo um mutismo que causava mal-estar e desconforto aos que o rodeavam, os anos lhe estavam sendo cruéis. Sua saúde já estava abalada, não se cuidava e ninguém poderia aconselhá-lo em nada, porque não dava a ninguém esse direito. Ninguém sabia como se sentia, apenas o que iam observando, mas sem nenhuma confirmação.

Continuava a desempenhar o seu trabalho, fornecia a Ellen semanalmente uma importância suficiente para as despesas da casa, pagava o seu salário regularmente e dava-lhe também uma importância para as necessidades de seu filho, sem que ele precisasse lhe pedir nada.

Quantas vezes Ellen tentou penetrar naquele coração enrijecido, desfazer o seu mutismo, tecendo algum comentário acerca de algum acontecimento, mas ele, ou não ouvia, ou, se ouvia, às vezes falava-lhe alguma coisa completamente diferente, mostrando que nada do que estava dizendo lhe interessava. As mais das vezes era calado.

Sentava-se à mesa no horário das refeições e dava

graças a Deus quando o fazia sozinho, caso o filho ainda não houvesse chegado das aulas, ou saíra para alguma outra necessidade que nunca perguntou qual seria ou onde ele estaria.

Não restava dúvida de que a vida no seu lar era difícil, sem nenhum atrativo, sem nenhuma esperança, a não ser pela chegada do dia em que Deus também se lembrasse dele e o levasse para junto da esposa.

Alguns poucos anos mais passaram. O filho concluiu os estudos que pretendia, que isso o pai nunca pôs nenhum impedimento e ele era um advogado. Poderia trabalhar e viver a sua própria independência longe do pai se o quisesse, mas não pensava nisso por causa de Ellen e de seus filhos, os quais considerava irmãos, sobretudo a que agora era jovem e já se preparava para o casamento. Ela conhecera um rapaz que a mãe julgou bom e permitiu o namoro que caminhou para o noivado, e próximo estava o dia em que ela deixaria aquela casa para morar na que constituiria.

Ellen ficaria mais só, mas William lhe daria o seu afeto, conforme ela o merecia por tudo o que fizera por ele.

Thomas não andava bem de saúde, embora ninguém soubesse o que ele sentia nem o mal que o penalizava.

Certa vez William, compreendendo certas dificuldades do pai quando tentava deixar a mesa depois do jantar, num esforço muito grande, dirigiu-se a ele perguntando o que estava sentindo e se precisava de ajuda.

Tendo se alimentado muito pouco, ele respondeu que estava bem e nada sentia, apenas não estava com vontade de comer. William ficou sem saber o que fazer, e ele foi para o quarto.

Numa manhã em que ele demorava mais para sair do quarto, Ellen ficou preocupada e ia constantemente à porta, colocar o seu ouvido atento para ver se ouvia algum ruído diferente, mas nada ouviu.

O silêncio era absoluto e ela tinha receio de bater para chamá-lo.

Depois de esperar algum tempo e ver que não se levantava, foi chamar William contando-lhe os seus receios.

– O que farei, eu, Ellen?

– Vá até lá, abra a porta e veja o que está acontecendo!

– Você sabe que eu nunca entro no quarto de papai, pelo menos enquanto ele está lá dentro.

– Mas agora a situação é outra, é necessário. Vamos que eu estarei junto com você. Não podemos deixá-lo lá fechado, pois ele pode estar precisando de auxílio.

– Está bem! Não sabemos o que poderá acontecer, mas, se é preciso, iremos.

Ellen bateu suavemente à porta, mas ninguém respondeu. Tentou mais algumas poucas vezes, e, como não obtivesse resposta, olhou para William, dizendo:

– Eu vou abrir, vamos entrar!

– Se não há outro jeito!

Ellen girou a maçaneta com cuidado e foi abrindo a porta vagarosamente, até que colocou a sua cabeça na abertura para verificar o que estava ocorrendo, mas nada viu de estranho. Ele ainda estava deitado.

Eles acabaram de entrar e ela, aproximando-se da cama, seguida por William, chamou-o diversas vezes, até que, percebendo que não se movia, tocou o seu ombro levemente, de início, mais fortemente depois, e verificou que ele estava completamente imóvel.

– O senhor Thomas está morto, William!

– Morto!!! – exclamou o jovem sem mais nada dizer.

– Precisamos tomar providências!

– Que providências devemos tomar?

– Eu sei o que devemos fazer, já passei por isso quando perdi o meu marido.

O momento era de aflição; a aflição da surpresa, do inesperado que eles tinham que enfrentar.

Ellen, com a experiência que os anos trazem, sobretudo àqueles que lutam com dificuldades, sabia o que fazer.

Antes de se retirar do quarto, chamou William, dizendo:

– Tudo está consumado, de nada adianta ficarmos aqui.

– O nosso relacionamento era muito difícil, para não dizer que era nulo, mas não queria ver papai assim. Ele deve ter sofrido sem ninguém que o auxiliasse em nada.

– Deus sabe o que faz e a nós cabe compreender. Cada um tem a sua hora.

– O que faremos, Ellen?

– Temos que tomar as providências para o sepultamento, mas antes precisamos chamar um médico que ateste a sua morte, principalmente pelo modo como o foi. Depois, sim, procuraremos os serviços funerários.

– Em que posso ajudar?

– Vá à procura de um médico e traga-o aqui!

William saiu imediatamente enquanto Ellen foi chamar os filhos para lhes dar a notícia.

A surpresa deixou-os atônitos. Ninguém sabia o que fazer, o que dizer, o que pensar...

Ellen chegou a pensar em suicídio, pela vida insípida que ele levava, sem atrativos, sem esperanças, sem sonhos, sem nenhum prazer por nada, sem nenhum objetivo que o estimulasse a viver, mas procurou tirar da mente esse pensamento que não comentou com ninguém.

– Se alguma iniciativa nesse sentido, houve, o médico descobrirá imediatamente – concluiu ela.

Passada quase uma hora, William entrou em casa trazendo o médico e conduziu-o ao quarto, deixando-o só com Thomas.

Depois de alguns minutos ele retornou à sala, aos olhos ansiosos de todos da casa e, dirigindo-se a William que soubera era filho do falecido, falou-lhe:

– Seu pai teve uma síncope provocada por algum problema cardíaco que apresentava. Você sabia se ele tinha algum problema no coração?

– Ele nunca comentou nada com ninguém, e, se sabia, guardou só para si – adiantou Ellen.

– Esta senhora está nesta casa há muitos anos, desde que mamãe partiu pelo meu nascimento. Foi ela que me criou e conhece bem os hábitos de papai – explicou William.

– O senhor Thomas era sempre muito calado e, quando em casa, passava a maior parte do tempo em seu quarto. Nunca se conformou com a morte da esposa.

– Bem, nada disso importa agora! Ele está morto e eu farei o atestado explicando a causa mortis.

Depois que o médico se retirou, Ellen pediu ao filho que fosse procurar os serviços funerários enquanto ela e William preparariam o corpo.

– O que faremos? – indagou William, um tanto constrangido, ouvindo-a.

– Venha comigo! Você me ajudará!

O rapaz, ainda surpreso e um tanto nervoso, acompanhou-a, e Ellen, enquanto procurava as roupas para vestir nele, recomendou ao jovem que o despisse.

– Não conseguirei fazer isso, Ellen! É difícil para mim. Você sabe como vivíamos aqui, e, tocar nele, é como se estivesse cometendo algum ato condenável por ele mesmo.

– Está bem! Ajude-me que eu mesma faço o que for preciso!

Em pouco tempo a diligente e dedicada Ellen preparou-o, e, quando o caixão foi trazido, ele já estava pronto para ser colocado nele.

A sala foi preparada, e o caixão, contendo o seu corpo, foi colocado para visitação.

Antes de se retirar, o responsável pelo serviço disse que tomaria as providências quanto ao sepultamento e que, no fim da tarde, voltaria para levar o corpo.

O dia transcorreu lentamente, escoando as horas com dificuldade, como se cada minuto encontrasse uma grande barreira para transpor e continuar o seu ritmo completando as horas.

Muito poucas pessoas compareceram. Apenas alguns colegas de trabalho, um ou outro vizinho e ninguém mais.

Depois do dia se arrastar vagarosamente, a hora do sepultamento chegou. O corpo foi levado para ser sepultado junto da esposa. Pelo menos depois da morte os dois teriam condições de ficar juntos.

Muitos assim pensaram, mas faltava-lhes o conhecimento de que enterramos os corpos que podem ficar juntos, mas os espíritos que se desprendem deles tomam rumos diversos, de acordo com o estágio evolutivo de cada um, de acordo com o merecimento que tem de ser auxiliado nesse momento tão importante de transição da vida de encarnado para a vida de desencarnado.

Cada um é levado ao lugar que lhe cabe pelas ações praticadas, pelos sentimentos abrigados em seu espírito, e há aqueles também que não recebem nenhuma ajuda. Não como castigo de Deus pelo que fizeram ou pelo que deixaram de fazer, mas para que possam ter um período para pensar, para refletir nas próprias ações, para analisar atitudes e comportamentos, e, quem sabe, chegar a alguma conclusão do que fez de errado, dos males praticados, para que ele próprio, sentindo-se abandonado, em sofrimento, e reconhecendo que perdeu uma grande oportunidade que tivera em mãos, rogue a Deus um auxílio.

| 9 |

NOVA REALIDADE

A VIDA NAQUELE LAR mudava. Não mais a presença de Thomas que constrangia o filho trazendo-lhe uma certa insegurança e receio, mas também não mais os proventos, resultado de seu trabalho, e que proporcionavam a todos o necessário em alimentos e roupas, bem como a satisfação de outras necessidades e o conforto doméstico.

Ellen estava preocupada.

Passada a primeira noite em que todos mereciam o repouso, na manhã seguinte ela procurou William para uma conversa, dizendo-lhe:

– Você sabe que eu o amo como amo a meus filhos. Estou nesta casa desde o seu nascimento e cuidei de você sempre com muito amor e carinho, pelas próprias circunstâncias que a vida o obrigou a viver. Sem a verdadeira mãe, ignorado pelo pai, mas mesmo assim temos um ponto muito importante para ser considerado. Se seu pai era calado, triste, não lhe dava carinho e atenções, no fundo do seu coração ele era bom. Nunca interferiu no meu modo de conduzir a casa e confiava em mim pela importância que me dava para o suprimento doméstico e até para as suas necessidades e seus estudos. Agora que não o teremos mais, de que viveremos? Como continuarmos aqui se não temos o necessário para mantermos a casa?

– Papai nunca lhe falou se possuía economias?

– Seu pai não era de conversa, e, se alguma economia houvesse, não seria para mim que contaria. Aqui eu era apenas a criada.

– Não é assim que a considero e papai também a considerava muito. Você lhe dava segurança e tranquilidade. Ele dava-lhe dinheiro mas não precisava ter nenhuma preocupação.

– Agora tudo se modifica! Precisamos também pagar o serviço funerário!

– O médico que aqui esteve eu mesmo paguei com o dinheiro que ele mandava você me dar!

– Você precisa fazer uma busca no quarto dele para ver se há algum dinheiro para os primeiros tempos.

– Logo estarei trabalhando mas sabemos que, de início, é sempre muito difícil. Eu não tenho coragem para remexer nas coisas de papai. Faça-o você mesma. Não era você que fazia a limpeza e a arrumação do quarto dele diariamente? Pois então, faça-o também agora!

– É diferente! Não estarei lá para fazer limpeza mas para procurar dinheiro. Se não quiser mexer em nada, pelo menos fique lá comigo!

– Está bem! Quando quer fazer esse serviço?

– Hoje à tarde, quando terminar minhas obrigações

com a casa. Depois de procurarmos, farei uma boa limpeza no quarto e você decidirá o que fazer com as roupas e com todos os objetos que lhe pertenciam.

– Se quiser aproveitar algumas roupas para seu filho, poderá fazê-lo. O resto daremos a algum asilo.

Esta conversa encerrou-se assim, mas Ellen, preocupada, realizou o seu trabalho pensando no que fariam e no que poderiam encontrar. E se nada encontrassem? O seu filho trabalhava, mas o que ganhava mal dava para as próprias despesas. Sua filha em pouco tempo deixaria a casa pelo casamento e, com ela, não poderia contar.

Quando terminou as tarefas do lar, ela chamou William e levou-o ao quarto do pai.

A cama ainda estava desarrumada conforme ele deixara, o pijama que lhe tiraram estava jogado sobre ela. Antes de começarem a busca, Ellen retirou toda a roupa da cama, cobrindo-a apenas com uma colcha para dar aparência de arrumação e começaram o trabalho.

O armário que guardava as roupas estava repleto. Thomas andava sempre bem-cuidado que o seu trabalho exigia. Se fosse apenas por ele, qualquer roupa serviria, pelo seu desinteresse por tudo.

– O que faremos aqui? – indagou Ellen.

– Examine as roupas passando por todos os bolsos. Quem sabe encontraremos algum dinheiro.

Ellen procedeu como o jovem sugeriu, mas nada encontrou. Abriram gavetas, reviraram papéis e encontraram alguns recibos de depósitos bancários, mas não sabiam o montante de tudo nem se poderiam retirá-lo.

Verificando que a data dos depósitos era antiga, William falou:

– Não sabemos se ele já movimentou esse dinheiro para alguma necessidade.

– Pelo menos você tem o nome da casa bancária e poderá fazer uma consulta.

– Amanhã eu irei!

Eles continuaram a busca mas nada mais encontraram do que esperavam. Faltava apenas examinar os bolsos do terno que ele usara na véspera, ainda acomodado em uma cadeira.

– A sua carteira deve estar aqui! – exclamou Ellen.

– Pois verifique!

Ela remexeu os bolsos e, num deles, encontrou a carteira que ele usava e deu-a a William que, verificando, encontrou uma importância que lhes daria para suprir as necessidades da casa por alguns dias.

Uma nova preocupação os tomava. Como sobreviver se nada mais encontrassem na casa bancária? E, se houvesse algum dinheiro lá, poderiam retirá-lo?

Afinal, ainda possuíam algum suprimento e o dinheiro encontrado lhes daria condições para mais alguns dias, enquanto William conseguisse um trabalho.

Da forma como Thomas se portava era difícil, mas nada lhes faltava. Agora, porém, ele não estava, não haveria constrangimento nem desprezo, mas seria pior porque lhes faltaria meios de sobrevivência.

Ellen, acostumada a dirigir a casa, estava preocupada. William teria que tomar alguma providência urgente, e prometeu-lhe que, depois de visitar a casa bancária para colher informações, sairia à procura de um trabalho.

Visitaria em primeiro lugar o local onde seu pai trabalhava para ver se poderia ficar com a vaga, conquanto não soubesse o que ele realizava, mas exporia a situação em que se encontravam e, talvez, os convencesse.

Prometeria aprender o mais rápido possível, dedicar-se com denodo e ser submisso às ordens, se confiassem nele.

Afinal era um advogado e tinha condições de aprender, fosse o que fosse.

Com esse pensamento ficou mais tranquilo e confiante, dando esperanças a Ellen, que estava ansiosa para que tudo se resolvesse satisfatoriamente.

Na casa, ela tinha tudo o de que precisava em teto e alimentação, mas também precisava de dinheiro para as outras necessidades que não só essas. Pensava no casamento da filha, no seu enxoval, e em tudo o mais que envolve um casamento, por mais simples que seja.

Na manhã seguinte, levantando mais cedo do que o habitual, William preparou-se e saiu à rua.

Como àquela hora a casa bancária ainda estaria fechada, ele decidiu ir ao local de trabalho de seu pai.

Ele não era conhecido lá. Thomas nunca mencionara seu nome para nada, apesar de saberem que tinha um filho e era viúvo, mas não permitia que ninguém tocasse nesse assunto. E como não dava essa oportunidade, todos se habituaram ao seu mutismo e respeitavam porque entendiam que ele deveria sofrer.

William apresentou-se ao chefe do escritório, expôs o que pretendia, explicando a situação em que se encontravam, e ele assim se expressou:

– Lembro-me de tê-lo visto nos funerais de seu pai, e sabíamos que ele tinha um filho, mas nunca nos deu ensejo de perguntar nada, nem nunca nos contou nada do que se passava no seu lar.

– Papai era uma pessoa um pouco difícil pela vida que levava, e dizem que se transformou muito depois que mamãe morreu. Ele vivia muito só.

– Pois bem, meu rapaz, simpatizei com você, sei que tem cultura pelo diploma que traz, mas sei também que nada sabe do trabalho que seu pai realizava, mas se aprende. Como precisava colocar alguém para ocupar o lugar dele, podemos tentar você. Se quiser, poderá começar amanhã mesmo. No início não poderemos lhe pagar o que pagávamos a ele; você deve compreender que ainda precisa aprender o seu serviço. Se assim lhe convier, amanhã começaremos a lhe ensinar as suas obrigações. A propósito, seu pai tinha algum dinheiro para receber dos dias que havia trabalhado e eu lhe pagarei agora. Assim irão fazendo face às despesas da casa até que receba o seu salário.

Agradecendo muito, William, depois de receber o dinheiro, deixou o local, bastante esperançoso e aliviado, mas restava-lhe ainda a visita à casa bancária.

Encontrando-a de portas abertas, dirigiu-se ao gerente, expôs também a que viera, mostrou os recibos de depósitos e ele, chamando um funcionário pediu para verificar o que realmente acontecia com aquela conta.

Em alguns minutos ele voltou trazendo todas as informações solicitadas. O senhor Thomas, na verdade, possuía uma conta com um depósito bastante considerável, mas, segundo informação do gerente, só poderia ser movimentada através de um advogado que cuidasse do espólio.

O trabalho seria demorado mas o dinheiro seria dele. O gerente ainda acrescentou:

– Quando tudo estiver concluído, espero que o senhor mantenha o dinheiro conosco, mas poderá movimentá-lo conforme as suas necessidades, assim como também continuar a fazer os depósitos em seu nome, a quem a conta passará por direito. Se o senhor era o seu único filho, não haverá nenhum empecilho. Apenas contrate um advogado especializado em espólios que ele começará logo o seu trabalho.

– Também sou advogado, mas, recém-formado, não teria a prática de um já experiente, por isso já sei a quem procurar.

– Estaremos à disposição para o que desejar e esperamos contar com o senhor como o nosso mais novo cliente, assim que tudo ficar concluído.

Depois de procurar um advogado que encarregou de tomar as providências quanto ao espólio de seu pai, William foi para casa sentindo-se alegre por ter sido bem-sucedido.

Tudo saíra a contento.

Ele teria um emprego, recebera uma importância que restara do salário do pai, encontrava uma conta significativa no banco que logo, depois dos trâmites legais, passaria às suas mãos. O que quereria mais?

Imediatamente procurou Ellen, contou-lhe o sucedido e ela também sentiu-se aliviada. O seu salário não estaria ameaçado, porque, deixar a casa, abandonar o seu William para procurar outro emprego, ela jamais o faria.

Resolvia-se assim, de modo satisfatório, uma situação que se tornara preocupante.

– Meu querido William, meu coração se tranquilizou e nossa vida, nesta casa, será feliz. Não teremos o senhor Thomas a quem também me afeiçoei e que sempre me tratou com educação apesar dos problemas entre vocês, mas eu aprendi a entendê-lo, e só me entristecia ver o que fazia com você. Agora, entretanto, tudo terminou, e, graças a ele, teremos uma vida tranquila.

– Tem razão, Ellen. Eu nunca tive dele um minuto de atenção, mas por intermédio dele pude estudar, hoje tenho a minha carreira que será promissora, temos economias para alguma eventualidade, e até o dinheiro para saldar nosso débito na casa funerária, fornecido ainda pelo trabalho dele. Não precisamos nos preocupar mais. De hoje em diante teremos uma vida nova nesta casa. O quarto de papai deve ser aproveitado. Desocupe tudo o que era dele e assim que tivermos o dinheiro liberado, modificaremos os móveis, transformando-o completamente num outro local, sem que nenhuma lembrança dele possa perturbar quem o ocupar.

– Penso que aquele quarto deveria ficar para você, que se encontra num muito pequeno. É o melhor da casa e deveria ser seu.

– Por enquanto não penso nisso, mas, quando estiver modificado, quem sabe! Aguardemos!

A vida começava a transcorrer numa rotina diferente. Parecia que na casa todos se sentiam mais livres, sem receio da presença de Thomas que os coibia até de um riso mais solto diante de alguma situação hilária. Até Ellen, sempre tão calada quando ele estava em casa, agora cantarolava enquanto cumpria as suas obrigações.

Os preparativos para o casamento da filha continuaram, seria uma cerimônia simples, mas sempre traz preocupações e demanda providências, e até o noivo dela passou a frequentar a casa como se já pertencesse à família.

William, no seu emprego, estava se saindo bem. O seu patrão estava satisfeito, o jovem trazia ideias mais novas com aplicação mais lucrativa e ele pensava que logo o filho suplantaria o pai que era um bom profissional.

O advogado contratado estava trabalhando no inventário que já ia bastante adiantado, em pouco tempo estaria consumado, e William de posse do dinheiro, com direito pleno de movimentá-lo conforme desejasse.

O quarto de Thomas ainda estava com todos os móveis, mas as roupas e todos os seus pertences já haviam sido retirados. Ellen aproveitou muitas peças e objetos para o filho. William nada quis, não se sentiria bem usando nada do pai. Era como se ainda estivesse entre eles, numa presença mais íntima e mais estreita que lhe causaria mal-estar.

Assim que o dinheiro fosse liberado, os móveis seriam trocados. Ellen já havia levado algum para o seu quarto, sobretudo o grande armário para as roupas, onde pôde acomodar tudo o que possuía, com o enxoval da filha até que se casasse.

Os que não fossem aproveitados no lar seriam doados a alguém que pudesse se interessar por eles.

A cama fora oferecida à filha de Ellen, mas ela, apesar de que não teria uma casa com grande conforto, não aceitou.

– Quero começar a minha vida tendo uma cama nova que não tenha sido usada por ninguém.

– Tem razão! Você tem esse direito – considerou a mãe.

A VIDA, TRANSCORRENDO DESSE modo, nada os afligia, nada os preocupava, tudo eram esperanças de paz e felicidade.

Quando imaginamos, porém, que vamos viver com tranquilidade, que nada poderá abalar a nossa paz e a rotina feliz que a vida nos proporciona, que desempenhamos as nossas atividades sem nenhum impedimento e com prazer, sobretudo depois de um longo período de dificuldades, alguma coisa acontece.

Ninguém sabia o que estava acontecendo mas à noite eles começaram a ouvir certos ruídos que os estava amedrontando.

Durante a noite, muitos deles eram despertados repentinamente com passos pela casa, com alguns gemidos, que ficavam ouvindo sem se mexerem na cama. Pelo medo que os tomava, nenhum deles tinha coragem de se levantar para ver o que estava acontecendo.

Depois de noites seguidas daquele jeito, Ellen decidiu que iria ver o que se passava, mesmo com muito medo.

À noite, depois de ouvir os passos, ela levantou-se enrolada num cobertor e assustou-se com o que viu.

Ao chegar à sala, com muito cuidado e receio, ainda pôde ver uma sombra um tanto imprecisa caminhando em direção ao quarto do senhor Thomas, e arrepiou-se toda.

Fixando melhor seus olhos, ela não teve dúvidas – não obstante o tivesse vendo de costas, tinha toda a aparência dele, a mesma que ela vira diariamente por mais de vinte anos.

Assustada e tremendo, ficou parada até que ele desapareceu, e ela voltou para o seu quarto.

Por que tivera aquela visão?

Seria o senhor Thomas em espírito que ainda permanecia no lar?

Não tinham os espíritos um lugar para ficar depois da morte de seus corpos?

O que faria ele no lar e por que ouviam ruídos durante a noite?

E durante o dia onde ficaria e o que faria?

Ao ter esse pensamento, mais amedrontada ficou. Durante o dia passava muitas horas sozinha em casa, como poderia conviver com ele observando-a? Ou viria ele apenas à noite quando a casa estava em silêncio e durante o dia teria outro lugar para ficar?

Ah, quantos pensamentos assustadores diante dessa nova realidade que se instalara na casa!

Onde teria ele ficado desde que morrera até a noite em que ouviram os primeiros ruídos? E como seria daí para a frente? Não haveria um meio de retirá-lo da casa ou convencê-lo a que partisse para o lugar que pertencia aos mortos?

Que meio seria esse?

Quando contasse a William o que havia visto, certamente também ficaria mais amedrontado ainda, mas ele precisava saber.

E as orações, não seriam eficazes? Não se ora para os mortos para que tenham o descanso eterno?

O senhor Thomas não estava descansando, pelo contrário, deveria estar em aflição porque andava pela casa e algumas vezes gemia.

Teria o seu espírito noção de que já não pertencia ao mundo dos vivos? Seria isso possível acontecer? Quando deixamos o corpo não temos imediatamente a noção da nossa condição e não vamos para o lugar dos mortos?

O que quereria ele ali entre os vivos, se não precisava se alimentar mais nem poderia se utilizar de suas roupas?

Ah, como o desconhecimento das coisas mais elementares pelas quais um espírito passa após a morte do corpo físico traz medo, aflição e muitas conjeturas!

Tão fácil seria o entendimento de cada um se tivesse a verdadeira noção do que acontece nessas circunstâncias.

É óbvio que não podemos generalizar porque cada um se encontra num estágio evolutivo decorrente dos seus sentimentos e ações, e não podemos ser categóricos ao afirmar que assim que o espírito se desprende do corpo vai acontecer isso e isso, ou seja, termos a certeza do que lhe vai acontecer, por mais conhecimento tenhamos a respeito da doutrina espírita.

O íntimo de cada um, os seus sentimentos, são insondáveis, e o conhecimento dos seus débitos ou méritos só a Deus pertence.

Entretanto, se todos soubessem que um espírito, ao deixar o corpo pode ser auxiliado para compreender a sua nova condição, pode ser levado a postos ou colônias espirituais onde, pelo auxílio de irmãos abnegados, permitido por Deus, se refaz e começa uma nova vida, a de espírito liberto; trabalha, estuda, aprende e espera uma nova oportunidade terrena, seria mais fácil, haveria mais tranquilidade e mais cuidado com suas ações.

Infelizmente nem sempre é assim.

Nem todos têm condições de receber um auxílio desses, e outros, quando o auxílio chega, recusam-no. Ou por entender que vão perder a liberdade e não desejam submeter-se à disciplina, ou para mais livremente perturbar aqueles que ficaram, principalmente se guardam no espírito algum ressentimento contra alguém e desejam ir à forra.

Há também aqueles que ainda não merecem receber ajuda e ficam perambulando como se ainda encarnados fossem, porque não têm condições de perceber que já perderam o corpo.

Muitos desses permanecem no próprio local em que viveram, sobretudo se eram apegados aos bens terrenos e deles não querem se afastar.

Outros há ainda que levam uma vida desregrada enquanto encarnados, e arrebanham para a sua companhia entidades infelizes com as quais se afinizam e que mais os estimulam à prática dos vícios. Ao deixarem o corpo, juntam-se a eles para continuar a fazer o que sempre gostaram.

Há muitas facetas de vida para um espírito que deixa o corpo. A cada um ocorre de um modo, conforme as suas tendências e o seu merecimento, mas todos estão sob os olhos do Pai. O que acontece é para que eles possam refletir no que fizeram, no que deixaram de fazer, assim que tiverem condições de compreender a sua nova situação pois, muitas vezes, não são apenas as ações praticadas que comprometem mas o que poderíamos fazer e não fizemos.

Ellen nem ninguém naquela casa tinha esses conhecimentos, explicados de forma bastante elementar como primeiro passo, para que compreendam; por isso, a presença entre eles de Thomas, depois de morto, conforme diziam, causava-lhes estranheza e medo.

Que não tivesse condições de ir para o céu, pensava Ellen, pelo desprezo que dera ao filho, mas também não merecia ir ao inferno porque sempre soubera manter as suas obrigações em relação à manutenção da casa e aos estudos de William. Poderia, porém, ir para o purgatório para onde vão aqueles que ainda não merecem o céu mas podem merecê-lo depois de purgarem os seus pecados. Mas ficar no lar é que ele não poderia.

Aquele resto de noite Ellen não conseguiu mais dormir e já prenunciava muitas outras iguais àquela.

Os demais da casa, quando os ruídos cessaram, retornaram ao sono e tiveram o seu descanso.

E Ellen, o que faria pela manhã quando todos estivessem despertos? Contaria o que vira? Se o fizesse levar-lhes-ia muito medo, mas pelo menos William deveria saber.

Quando houvesse uma oportunidade em que estivessem a sós, ela lhe contaria.

Em relação aos encarnados, habitantes da casa, sabemos o que estava acontecendo, faltando apenas saber a reação de William ao saber que o pai permanecia na casa ou retornara. Mas, e quanto àquele espírito que deveria estar atormentado, o que poderemos dizer?

| 10 |

AÇÃO NEFASTA

THOMAS, SURPREENDIDO TÃO REPENTINA e inesperadamente pela morte do corpo, ainda não sabia o que havia acontecido.

Naquela noite ele começara a sentir um mal-estar mas nunca imaginou que poderia ser a última que teria como encarnado.

Um mal do qual nunca supusera ser portador o surpreendeu, e seu espírito abandonou o corpo pela impossibilidade de seu coração continuar a trabalhar com regularidade, a mínima que fosse para poder manter a sua chama de vida.

Tudo fora muito repentino e ele, despreparado para aceitar ou entender o momento que passara, ainda continuava na casa.

Confuso e adormecido, permaneceu algum tempo e não percebeu quando entraram no seu quarto, retiraram o corpo e, dias depois, revistaram armários e gavetas bem como a sua roupa.

Há poucos dias despertara imaginando que estivesse

acordando de uma noite de sono profundo, mas ainda confuso e encontrando seu quarto um tanto modificado pela retirada do armário que Ellen pretendia utilizar, ele não entendia o que estava se passando.

Falara muitas vezes com Ellen que nunca lhe respondeu, e, preocupado, não imaginava o que poderia estar acontecendo. Ela sempre fora atenciosa para com ele e respeitava-o como seu patrão e senhor da casa, conquanto não concordasse com a sua atitude em relação ao filho.

Ele perdera a noção de noite e dia e andava pela casa. Preferia caminhar por ela quando estava silenciosa e vazia de quem o incomodava, como o filho. Por isso passaram a ouvir ruídos durante a noite e, às vezes, até algum gemido que nem ele tinha noção ou conhecimento de como o emitia. Talvez fosse em algum momento que murmurava resmungando de alguma coisa que não entendia ou com a qual não concordava.

Thomas nunca fora ligado à religião alguma. Nunca se preocupara em realizar nenhum aprendizado sobre a destinação do espírito na Terra e o que lhe acontecia quando a deixasse, e fora surpreendido de tal forma que ainda estava confuso.

Muito distante dali, a sua esposa, no seu recanto de aprendizado, trabalho, mas de muita paz, soubera da partida do marido e tinha conhecimento também de que ele ainda permanecia no lar e constantemente pedia autorização para auxiliá-lo.

Aqueles, porém, que têm uma visão mais ampliada

porque abarcam algumas encarnações e penetram no mais recôndito dos sentimentos, ainda não permitiam porque não era o momento.

– Ele precisa entender o que está se passando, e se ninguém estiver com ele para explicar, até quando ficará ignorante da sua nova condição? – justificava-se Stella.

– Ficará o tempo necessário! Ele poderá sair do lar, não tem necessidade de permanecer lá.

– O que faria ele fora do lar à mercê de entidades infelizes que lhe imporiam sofrimentos?

– Talvez o informassem do que se passou e ele começasse a refletir em sua vida.

– Deixem-me estar com ele, esclarecê-lo, orientá-lo.

– Ainda não é o momento e a irmã deveria entender.

– Eu entendo as suas razões e considero-as necessárias ao seu espírito, mas não tenho paz.

– Nenhum dos filhos do Pai fica ao desamparo. No momento certo ele será auxiliado. Lembre-se de quantas vezes retornou ao seu lar para esclarecê-lo, para ajudá-lo e nunca foi ouvida. Agora é a vez dele permanecer como está e ir analisando-se a si mesmo e a todos os que o rodeiam, e comece a perceber algumas diferenças, até entender que não pertence mais ao mundo dos encarnados.

– Ele terá que fazer isso por si mesmo?

– É assim que deverá acontecer, irmã. Não se preocupe! No momento certo ele terá o auxílio permitido por nós, mas apenas quando o solicitar. Se chegasse a seu lar agora, ele, ignorante da sua situação, poderia entender a sua visita como para convencê-lo em relação ao filho, não aceitar o que pudesse lhe esclarecer e ainda ser grosseiro. Tudo neste mundo regido por leis que emanam do Pai, tem sua hora de acontecer. Confie n'Ele, pois, e ore por seu marido para que o momento do seu entendimento chegue o mais rápido possível. Nada mais podemos fazer por enquanto.

– Está bem! Eu compreendo suas razões, mas pelos meus sentimentos de esposa que o amou muito, preocupo-me. Todavia, seguirei seu aconselhamento, orarei por ele e serei submissa. Quando tiver permissão para ir, serei obediente e farei o meu trabalho com muito amor.

JÁ TEMOS CONHECIMENTO DA reação que causou a presença de Thomas-espírito no seu lar, tanto para Ellen quanto para Stella, mas falta-nos chegar até ele e sondar os seus sentimentos, os seus pensamentos dentro da sua nova condição.

Aproximando-nos dele, ficaremos atentos e captaremos o que desejamos.

Thomas estava em seu quarto, deitado em sua cama, mas desperto. Sua mente confusa emitia muitos pensamentos ao mesmo tempo e, sem que os concluísse, passava de um para outro rapidamente.

Ele próprio não entendia o que estava se passando consigo. Falava muitas vezes com Ellen que não lhe dava atenção e revoltava-se. Afinal, ela era uma criada da casa, apesar de estar com eles há muitos anos e ter cuidado de seu filho, mas era uma serviçal assalariada e lhe devia submissão e obediência.

O filho quase não via mais no lar, porém, isso não o incomodava, pelo contrário, aliviava-o, mas, ao mesmo tempo, procurava imaginar onde ele estaria, uma vez que já havia concluído os seus estudos – disso ele lembrava bem.

Tudo o que se referisse ao filho ele retinha com muita intensidade, cujas lembranças, mesmo desejando retirá-las do seu íntimo, era impossível, como acontece conosco, às vezes, quando queremos nos libertar de um pensamento que nos incomoda, e com essa preocupação, mais pensamos nele.

Certa manhã, depois que Ellen já o havia visto no lar e andava amedrontada, ele levantou-se e surpreendeu o filho pronto para sair.

Era o que desejava. Por que não segui-lo e verificar o que fazia, onde ia?

Pois assim o faria!

Andando após ele, depois que deixou a casa, foi seguindo-o. Aquele percurso era-lhe muito familiar, até que chegaram em frente a um prédio que Thomas reconheceu, era o lugar onde trabalhava.

Sua mente confusa fez algumas indagações a si mesmo, principalmente sobre o que estaria acontecendo que ele reconhecia, há tempos não comparecia ao trabalho. Sempre fora um funcionário exemplar e dedicado, por que se afastara do escritório?

Intrigado consigo mesmo e indagando-se também o que o filho estaria fazendo naquele local, entrou após ele.

Viu-o cumprimentar os companheiros que já haviam chegado, sobretudo o chefe, e encaminhar-se à sua mesa, aquela que era sua. Sentou-se, abriu a gaveta, retirou dela alguns papéis e começou a trabalhar.

A revolta de Thomas foi muito grande e dirigiu-se ao filho com palavras duras, dizendo-lhe:

– Não bastava ter sido o causador da morte de sua mãe, agora me atraiçoa desta forma! Esse lugar é meu, quem trabalha aqui sou eu!

Por mais falasse, ninguém lhe dava atenção. Com a mesma intensidade, correu à mesa do chefe pedindo-lhe explicações, mas também não teve respostas.

Procurou alguns dos companheiros para saber o que estava acontecendo, e, da mesma forma, cada um se manteve calado realizando o seu trabalho.

Depois de algum tempo William levantou-se da sua mesa com alguns papéis na mão e foi à mesa do chefe trocar algumas ideias, aos olhos de Thomas que se colocou entre eles, ouvindo o que diziam.

Depois de algumas considerações para ver se o chefe concordava com ele em relação a um parecer, ouviu-o responder:

– Você sabe que eu considerava muito seu pai e o tinha na conta de um ótimo profissional, mas vejo que você é muito melhor.

Thomas assustou-se com esse comentário. Então ele é melhor que eu, por isso perdi o meu emprego?

– Tenho me esforçado muito mas ainda sou novato na profissão! – respondeu William.

– Seu pai, antes de morrer, deve tê-lo orientado bastante. Deveriam conversar sempre, trocar ideias, por isso você é muito bom, mas está se revelando ainda melhor que ele.

Se antes Thomas havia se surpreendido com o comentário, agora estava mais confuso e assustado, e, levantando a voz, encaminhou-se ao seu antigo patrão vociferando:

– Eu não morri, o senhor é que me traiu tirando-me o lugar, dando-o a esse infeliz do meu filho!

E William, prosseguindo a conversa, ainda falou:

– Eu e papai quase não conversávamos, sobretudo a respeito do seu trabalho.

– Então vejo que você é melhor do que eu pensava!

– Tenho me esforçado.

– Pode finalizar o seu parecer conforme me expôs, que a causa está ganha.

Se Thomas até então apenas tivesse se dirigido a eles imaginando que estivesse vivo, agora sua ação seria muito diferente.

Revoltado pelo que ouvira e tendo entendido que estava "morto", mas sentindo-se vivo, com sua capacidade de locomoção e de reflexão perfeitas, para ele começaria uma nova vida.

Não a que deve ser de todos que desencarnam e precisam procurar um recanto de paz para se refazer, sobretudo quando ainda leva as sensações do sofrimento experimentado na Terra, para novos aprendizados e análises, mas a que lhe facilitaria a forra de tudo o que entendia, havia sofrido. A perda da esposa pelo nascimento do filho e a presença constante daquela criança que fora culpada da solidão em que vivera. Enfim, se como "vivo" tivera que conter seu ódio pelo filho, principalmente pela vigilância de Ellen, agora ele estaria totalmente livre.

Se falara com ela por diversas vezes e fora ignorado, agora entendia, era porque estava "morto", o que facilitaria a sua ação. Poderia fazer o que quisesse que jamais ela o impediria nem desconfiaria que fosse ele, porque, afinal, estava morto e os mortos não agem.

Ah, como se sentia feliz por essa descoberta!

O seu filho seria a sua vítima e recairia sobre ele com toda a força da sua revolta, do seu ódio. Se até o seu emprego ele tomara, o que não faria depois.

Assim pensando, aquela confusão mental da qual era acometido, desvaneceu-se e deu lugar a pensamentos lúcidos e coerentes, a raciocínios lógicos que lhe permitiam até a formulação de planos.

Começaria ali mesmo. No trabalho do filho é que daria início à sua ação.

Assim decidindo, aproximou-se da mesa que era sua e emitiu ao filho todo o ódio acumulado durante tantos anos, dizendo-lhe que ele era o culpado da morte da mãe, atormentando-lhe tanto a mente que ele não conseguia mais concentrar-se no trabalho.

William parou por instantes o que estava fazendo,

MEU FILHO | 161

comprimiu a cabeça com as mãos esperando com isso obter algum alívio, mas estava impossível.

– O que está acontecendo comigo, meu Deus? – indagou-se ele. – Comecei o meu trabalho sentindo-me bem, cheguei bem disposto. As palavras que ouvi em relação ao meu trabalho e à minha capacidade estimularam-me a mais me esforçar e deixaram-me feliz. O que houve comigo agora? Por que de repente tudo mudou? Não consigo concentrar-me e tenho a mente tomada pela presença de meu pai, como a tinha antigamente em que ele me olhava com rancor. Agora papai está morto, nada me fará!

Uns instantes após estes pensamentos, ele retirou as mãos da cabeça, e, sentindo-se melhor, retomou o trabalho.

Assim que começou, nova investida do pai que lhe dizia:

– Além de assassino também é ladrão! Matou a sua mãe e roubou-me o emprego!

Ah, como William recebia estas palavras! Afetavam--lhe profundamente, retirando-lhe a paz, causando-lhe mal-estar, conquanto ele não as captasse conforme eram emitidas, mas captava o sentimento que elas traziam em si.

Aquele dia ele não conseguiu mais trabalhar. Passadas algumas horas, sua cabeça atormentada doía muito e o seu trabalho foi abandonado.

Ele retornou à mesa do chefe, como o fizera há horas atrás, mas desta vez para desculpar-se:

– Sinto-me mal, pareceu-me que depois que conversamos, depois dos elogios que me fez, não consegui fazer mais nada. Minha cabeça está atormentada por pensamentos desencontrados, dói muito e não pude concentrar-me no trabalho.

– Se já não o conhecesse, se não soubesse da sua capacidade e esforço, diria que está pretendendo ir embora, por isso desculpa-se com mal-estar. Eu compreendo, você deve estar doente. Vá para casa, cuide-se e volte amanhã, refeito e bem disposto, que trabalho temos muito.

– Agradeço a sua compreensão apesar de que não vinha pedir para retirar-me, mas, como sugeriu, penso que é o melhor que tenho a fazer agora, para poder estar bem amanhã.

– Pois vá, que o seu trabalho o espera amanhã!

Com a compreensão de seu chefe, William rumou para casa, pretendendo tomar algum medicamento que aliviasse a sua dor de cabeça e o seu mal-estar geral.

Ellen estranhou a sua chegada antes do horário habitual e, quando ele contou o que sentiu, imediatamente mandou-o deitar-se que ela própria providenciaria o remédio e o levaria para ele.

William não habituado a enfermidades, sempre gozara de perfeita saúde, não entendia o porquê daqueles sintomas.

Ellen levou-lhe o medicamento, ele tomou, continuou deitado conforme ela o aconselhara, dizendo que à hora do jantar viria chamá-lo, mas de nada adiantou.

A dor de cabeça amenizou um pouco mas as sensações estranhas e inexplicáveis continuavam.

Thomas, desde que o filho deixara o escritório, acompanhara-o, e estava junto dele no quarto. Era para ele, que nunca gostara do filho, muito desagradável ficar em sua companhia, mas, à simples lembrança de que junto dele poderia levar-lhe prejuízos, animava-o a prosseguir.

À hora do jantar, Ellen foi chamá-lo, mas o jovem não tinha disposição para levantar-se, e, se ela ouvisse o que Thomas lhe dizia, saberia que nem na manhã seguinte levantar-se-ia para trabalhar.

– Quero ver quanto tempo esse seu emprego vai durar. Patrão nenhum suporta empregado doente e que vive faltando.

Era o que ele pretendia e o faria. Deixaria William acamado por alguns dias, quantos pudesse, até que o patrão, cansado de esperar o dispensaria e colocaria outro no seu lugar.

De fato, na manhã seguinte, depois de uma noite mal-dormida, William não conseguiu se levantar.

Thomas estava feliz. Não sabia que sua força, como Espírito liberto do corpo, fosse tão grande, chegando mesmo a pensar que se assim soubesse, quereria ter deixado este mundo de tristezas e crueldades, muito antes. O que não pudera fazer ao filho enquanto encarnado, o faria agora, sem que ninguém o recriminasse, nem ele se revelasse diante de ninguém.

Ele não sabia, porém, que naquela casa, Ellen, a guardiã fiel de seu filho, era portadora de certas possibilidades, e já o havia visto pela casa, quando ruídos estranhos eram ouvidos, durante a noite.

Durante o dia, mesmo permanecendo no lar, ele nunca fora visto. Talvez pela preocupação com seus afazeres, pela claridade que desvia o pensamento de "fantasmas", ela nunca o vira.

Dois dias passaram sem que William se sentisse disposto a voltar ao trabalho. Ellen, preocupada pelo rumo que a sua enfermidade poderia tomar, não estava dormindo muito bem à noite, e, por algumas vezes, levantava-se e ia ao quarto do jovem para ver como ele estava passando, e se precisava de alguma coisa.

Numa das vezes que empurrou a porta para entrar, foi surpreendida por uma visão que a assustou muito.

Próximo ao leito do jovem ela pôde visualizar Thomas com a mão na fronte do filho, mas não imaginou o que poderia estar ocorrendo.

Ela voltou imediatamente para o seu quarto, deitou-se assustada, e não dormiu mais.

O que quereria o senhor Thomas ali junto do filho? Estaria ele transmitindo-lhe alguma coisa boa para que ele melhorasse?

Se ela tivesse a possibilidade de visualizar as coisas espirituais de forma mais profunda e intensa, veria que, enquanto retinha a mão na fronte dele, da sua mente saíam, emitidos por ele, filamentos negros que atingiam intensamente o filho, justamente para que piorasse mais.

De fato, pela manhã, William sentiu-se pior. Quando

Ellen foi ao seu quarto e encontrou-o em piores condições, lembrou-se do que vira e concluiu o que deveria ter acontecido.

Jamais ele se importaria em assistir o filho para ajudá-lo a se recompor. O que pretendia era fazê-lo piorar para não ter condições de trabalhar.

Vendo-o naquele estado, ela indagou o que estava sentindo.

– Uma sensação terrível em minha cabeça. Há momentos que não consigo formular um pensamento equilibrado, tão estranho me sinto.

– Até agora não quis que chamássemos um médico, mas de hoje não passará! Até quando ficará nessa cama? Quando imaginamos que vai melhorar e levantar-se para retornar ao trabalho, você piora! Algum remédio mais adequado ao que sente, o médico deverá prescrever e logo estará curado.

– Faça como achar melhor, pois já estou cansado de ficar aqui. Preciso trabalhar.

– Hoje mesmo, meu querido, eu o chamarei. Quero vê-lo pela casa novamente, desempenhando o seu trabalho no escritório, quero que volte à sua vida normal.

O médico foi chamado, os sintomas explicados, mas nenhuma enfermidade das que ele tratava identificou-se com as sensações expostas. Era um caso muito estranho, pois quando ele pensou que poderia chegar a um diagnóstico correto, pela exposição dos sintomas, outro estranho se interpunha, anulando qualquer diagnóstico.

Sem ter como explicar o que o jovem tinha, ele prescreveu um medicamento para não dizer que nada fizera, e retirou-se, mas sabia que de nada adiantaria.

O medicamento foi providenciado e tomado por William, mas tudo continuou na mesma.

Ellen, cuidadosa e preocupada com o que poderia estar acontecendo, tomou uma decisão e comunicou a William:

– Esta noite eu ficarei com você neste quarto. Quero velar pelo seu sono, para que durma tranquilo e acorde melhor.

– Não há necessidade! Você precisa ter um bom repouso porque trabalha muito durante o dia.

– Nenhum trabalho é tão importante quanto você. Quando sarar cuidarei de tudo melhor. Por enquanto faço apenas o essencial.

ELLEN ESTAVA PREPARADA PARA ajudar, só não sabia como. Ela imaginava que só a sua presença seria suficiente para afastar Thomas do quarto do filho, mas não sabia, porém, que ele, já de posse do conhecimento de que deixara o corpo e vivia em espírito, nunca poderia imaginar que alguém o visse.

Se antes desse conhecimento falara com Ellen e não fora visto nem ouvido, por que o seria agora? E se o visse, o que poderia fazer contra ele?

Ninguém poderia fazer nada, e ele faria o que quisesse. Seu filho ficaria doente, cada vez mais, até perder o emprego e, depois, pensaria em como continuar.

Aquela noite, conforme se dispusera, Ellen providenciou para passar no quarto de William, que ela considerava também como filho pelo carinho que lhe dispensava, mais ainda que aos seus próprios, por compreender que a necessidade dele de afeto era muito maior.

Depois de lhe levar um chá, de dar-lhe o medicamento, e mesmo sob a recusa dele que se sentia constrangido com tanta preocupação da parte dela, ela deitou-se no colchão que havia colocado ao chão, um tanto afastado da cama dele, para poder observar melhor.

O quanto suportasse, queria ficar bem desperta.

O seu cansaço era grande pelas lides do dia, mas mantinha-se atenta.

Entretanto, passadas umas poucas horas de resistência contra o sono, ela não conseguiu controlar-se mais e adormeceu.

A preocupação, porém, não deixou-a dormir por muito tempo e logo despertou, olhando para o leito de William.

Qual não foi a sua surpresa quando se deparou com a mesma cena já visualizada na noite anterior.

Thomas-espírito estava à cabeceira da cama do filho com a mão em sua fronte, só não via nem sabia o que ele emitia. Entretanto, pelo resultado da noite anterior, não poderia ser nada bom, por ele ter piorado.

Mesmo assustada e com medo, levantou-se rapidamente, e, chegando ao leito do jovem, chamou-o despertando-o.

Thomas vendo a ação de Ellen, surpreendeu-se,

desejando saber o que ela quereria do seu filho. Interrompeu o que fazia e ficou observando. William despertou, lamentando ter sido acordado quando repousava tão bem.

Ela, para justificar-se, disse-lhe:

– Tive a impressão de ouvi-lo gemer, meu querido! Como está se sentindo?

– Agora que acordei, muito mal, Ellen! Dormindo, pelo menos, desligava-me dos meus problemas.

– Você dormirá novamente!

Ah, como gostaria de poder falar diretamente ao senhor Thomas, expulsando-o daquele quarto para que William pudesse repousar tranquilo.

Se ele dormisse novamente, ela não poderia tornar a chamá-lo sem lhe dar algumas explicações que, se lhas desse, seria pior.

A situação era preocupante, mas nada poderia fazer de imediato. Ajeitou as cobertas do enfermo e pediu que ele não se preocupasse e procurasse dormir novamente.

– Eu estarei velando por você – tranquilizou-o ela.

– Se eu dormir, não me chame mais. Deixe-me afastar do mal-estar que sinto, pelo sono.

– Eu não o farei mais! Você sabe que desejo apenas o seu bem e quero que se cure o mais rápido possível.

Thomas, meio recuado, mas presente, ouviu tudo o que conversaram e não se importou, porque ele mesmo faria com que o filho dormisse para continuar a sua ação interrompida por Ellen.

Jamais ele imaginou que estava sendo visto por ela.

Em pouco tempo William dormiu novamente e Thomas viu Ellen ainda ao lado do leito dele, colocar a mão na fronte do jovem e orar. Orou muito a Deus para que o protegesse do perigo que estava passando nas mãos do pai que o odiava, mas que seu filho era bom e não merecia. Pediu-Lhe com fervor para retirar daquele lar o espírito Thomas que estava prejudicando a recuperação do filho, fazendo-o pior a cada dia.

Por suas palavras, não pronunciadas, mas formuladas no seu pensamento e percebidas por Thomas, ele concluiu que Ellen o via. Por isso se colocara no quarto dele pretendendo protegê-lo como fizera a sua vida inteira, e agora desejava impedir que se aproximasse.

– Ela não aguentará ficar aqui o tempo todo. Sobrará muito tempo para mim. Vou retirar-me para dar a impressão de que suas palavras foram ouvidas por Deus que me afastou dele, e logo mais, quando ela estiver tranquila e despreocupada, deixará William e também dormirá. Ela não suportará por muito tempo.

De fato ele fez o que imaginara. Depois de algum tempo ela percebeu que ele não estava mais no quarto, terminou suas orações agradecendo a Deus a graça que recebera e voltou para o seu colchão a fim de repousar um pouco, mas com a intenção de ficar atenta para ver o que aconteceria.

| 11 |

RECURSOS ESPIRITUAIS

AH, BOA E DEDICADA Ellen que se esforçava para auxiliar o seu menino, aquele que, não sendo seu filho, tivera-o nos braços desde poucas horas do seu nascimento, e amava-o como se fora seu próprio.

Esforçava-se para ajudá-lo mas suas possibilidades eram limitadas. Por mais fizesse, por mais se sacrificasse dedicando-se a ele, as possibilidades do desencarnado são muito maiores e impossíveis de serem contidas, se não tiver a ajuda de outras abnegadas entidades do Mundo Espiritual que dedicam seu tempo a auxiliar os que necessitam.

Ellen, porém, de nada disso sabia. O que fazia era orar e aqueles que oram com o coração, expondo as suas necessidades, o seu pedido sempre tem receptividade e o auxílio chega, permitido por Deus.

Naquela manhã, William despertou sem melhoras mas também não havia piorado. De alguma valia fora o sacrifício de Ellen e ela continuaria, o quanto pudesse, a impedir que o senhor Thomas prejudicasse o filho.

Nem sempre ela poderia estar junto dele em todas as horas do dia, pelas obrigações domésticas, mas, no que lhe fosse possível, estaria atenta.

No entanto, mesmo que não estivesse no seu quarto, nada impedia que orasse e orasse muito, rogando a Deus que levasse o senhor Thomas do lar, para que tivesse uma nova vida dentro das suas condições atuais de espírito liberto do corpo e pudesse ser feliz, talvez a felicidade que não tivera enquanto encarnado. Da retirada dele daquele lar dependeria também o bem-estar físico de William, que não merecia ser assediado tão intensamente pelo pai depois do que já sofrera em toda a sua vida.

Tanto pediu e orou que suas orações, com um pedido de socorro, chegaram àquela que pusera no mundo o filho tão aguardado, mas que não pudera criá-lo, e ela assustou-se.

Não lhe fora permitido ainda saber o que acontecera a Thomas, por isso o apelo de Ellen preocupou-a.

Sentindo, sem precisar o que fosse, que no seu lar terreno algum problema muito sério deveria estar ocorrendo, ela procurou um seu superior. Expôs o que estava sentindo, pedindo autorização para visitá-lo.

– Querida irmã, é muito natural que se preocupe com os entes queridos que deixou na Terra, mas eles não estão ao desamparo, e o que está ocorrendo lá, durante estes dias, era necessário.

– Não compreendo! O que está acontecendo de tão grave? Sinto que sou necessária lá, mas não sei por quê.

– Eu explicarei. A senhora sabe que cada um tem seu tempo limitado na Terra, de acordo com as suas necessidades reencarnatórias dentro da programação que leva.

– Sim, eu sei, irmão! Ninguém melhor que eu para saber disso que fui retirada do meu lar num momento em que era tão necessária ao meu filho.

– No entanto sabe que era o que deveria acontecer.

– Sei, irmão, e não reclamo, apenas desejo saber o que está ocorrendo lá!

– Seu marido há algum tempo, há cerca de dois meses, também deixou o corpo, mas não deixou o lar. Seu espírito permanece lá e, pelos sentimentos que experimentava em relação ao filho, ele o tem prejudicado. Por isso sentiu o apelo que veio justamente daquela que vive no seu lar, que criou seu filho. Ela, por uma possibilidade que levou, tem visto Thomas pela casa e já o surpreendeu junto do filho tentando prejudicá-lo e tem conseguido. O jovem encontra-se enfermo sem que o médico chamado tivesse conseguido explicar os sintomas que ele apresenta, e Ellen concluiu que só pode ser pela influência de Thomas, que considera prejudicial a seu filho.

Pois ela tem razão! Ah, quanto devo à boa Ellen! O irmão deve lembrar-se do quanto me empenhei há anos atrás para que Thomas mudasse sua atitude em relação ao filho e não consegui.

– Ele precisou inculpar alguém pela sua perda, e o filho foi a sua vítima. Todavia, a senhora sabe que o que cada um sofre na Terra, ou faz parte dos resgates que deve realizar, ou, se não faz parte, é aproveitado da mesma forma para isso, além do aprendizado que o sofrimento facilita a cada um.

– Eu sei, irmão, mas era-me penoso ver meu filho tão desprezado pelo pai.

– O que a senhora deseja quanto ao que veio expor-me?

– Que me permita ir ao meu lar e verificar de perto o que está acontecendo para poder ajudar, tanto meu filho quanto Thomas.

– Essa não é uma tarefa que possa realizar sozinha. Já conhece bem o seu marido para saber o quanto será difícil.

– Mas não impossível!

– Eu permitirei que vá, mas deve levar mais alguns companheiros para ajudá-la.

– Eu o farei conforme me aconselha, mas não dispenso também a ajuda que puderem me dar daqui, para que sejamos bem-sucedidos nessa tarefa que se me apresenta difícil.

– Pode preparar a sua ida que tem todo o nosso apoio. Eu mesmo determinarei três irmãos nossos habituados a tarefas difíceis na Terra. Eles levarão a orientação de como deverão agir e, quando conseguirem retirar Thomas do seu lar, o trarão para cá e aí começará para ele um novo período em que, na hora certa, ele terá muitos esclarecimentos.

A PARTIR DAQUELE MOMENTO, o pensamento da pobre mãe aflita pelo filho e pelo marido, ocupou-se somente com a preparação para a sua vinda.

Ela realizava atividades de auxílio, e o seu tempo livre, utilizava-o em orações, pedindo a Deus a sua proteção para a tarefa que viriam realizar, a fim de que fossem bem-sucedidos, tanto na recuperação da saúde do filho quanto no trabalho que fariam com Thomas.

Ela sabia o quanto ele fora pertinaz, enquanto encarnado, e, por mais tivesse se esforçado para fazê-lo aceitar o filho, nunca conseguira.

Que ele não quisesse aproximar-se dele pelas convicções errôneas que abrigara em seu espírito, era imperdoável mas compreensível dentro do entendimento dele. Porém, o que realizava agora, além de imperdoável era incompreensível.

Como ele poderia prejudicar daquela forma o ser que colocara no mundo como uma extensão da sua própria vida?

Era inadmissível o que fazia, por isso ela lutaria com todas as suas forças, agora de espírito para espírito, ambos desencarnados, o quanto fosse necessário, e não deixaria o seu antigo lar enquanto não retirasse Thomas de lá, e enquanto seu filho não tivesse recuperado a saúde.

A tarefa seria difícil, mas confiava nos benfeitores espirituais, que, com a permissão de Deus, se empenhariam com os recursos que trariam.

Com certeza algum argumento forte e eficaz seria

utilizado para convencê-lo, e como sabemos que nesta vida de espírito imortal tantas jornadas terrenas já tivemos, tantos erros praticamos, tantos compromissos assumimos, algum ponto, mesmo trazido desse passado, poderia ser eficaz.

Sabemos que aqueles com os quais convivemos, na sua maioria, são afetos ou desafetos do passado, que prometemos auxiliar para nos redimirmos de atos que os prejudicaram. Assim sendo, poderia haver, em algum tempo do passado, alguma oportunidade em que Thomas e William da recente encarnação estiveram juntos e que um já seria devedor do outro, nessa imensa cadeia de elos que envolve a todos.

Ela não estava de todo errada e era por isso que o seu superior determinara que três companheiros a acompanhassem, trazendo informações e recursos que poderiam convencê-lo, mas dos quais ela ainda não tinha conhecimento.

Três dias ainda demorou até que tudo estivesse preparado para a vinda em auxílio àqueles dois entes queridos.

Ela tomara conhecimento de quem a acompanharia, estiveram em reunião para algumas providências e diretrizes, mas nada eles revelaram do que fariam.

Enquanto isso, na casa terrena em que vivera e onde deixara o filho e o marido, continuava como antes.

Ellen, com as armas e a força que possuía, lutava para impedir que Thomas se aproximasse de William, mas nem sempre conseguia. Às vezes ele parecia melhorar, de outras recaía novamente no seu estado anterior e inexplicável à ciência médica.

O chefe do escritório onde o jovem causídico trabalhava, tinha conhecimento de que o seu mais recente contratado e com prognósticos de um grande futuro na profissão, estava enfermo e preocupava-se, mas o aceitaria de volta assim que se recuperasse. William era forte e não se deixaria abater por muito tempo mais. Logo reagiria de alguma forma e tudo voltaria à rotina normal.

Ele não sabia o que se passava nem ninguém, a não ser Ellen, mas nem mesmo ela tinha meios de fazer Thomas retirar-se de lá, por isso orava e orava muito, e era pelas suas orações que o auxílio estava sendo preparado e chegaria a seguir.

Quando os quatro entraram no lar de William, Stella foi imediatamente procurar o filho em seu quarto e encontrou-o sentindo-se mal, e já desanimado de que pudesse ainda se recuperar, retomar o seu trabalho, retornando à vida.

Naquele momento Thomas não se encontrava junto dele e Ellen saía depois de ter lhe levado uma refeição leve que ele recusara comer.

Stella abraçou-a e deu-lhe um beijo de gratidão, e lágrimas rolaram de seus olhos, comovida por tudo o que a boa senhora fazia pelo seu filho.

Ellen não a viu, mas sentiu uma sensação muito agradável e uma esperança nova e promissora adentrou o seu coração, justamente ela que se afastara do leito do jovem tão entristecida. Ela parou à porta, olhou para trás e, dirigindo-se a William, falou-lhe:

– Não sei o que é nem por quê, mas sinto que você irá começar a se recuperar.

William não deu resposta pois não entendia como Ellen podia lhe dizer aquelas palavras quando nada sentia de melhora. Nem o alimento conseguira ingerir, mas levou suas palavras à conta do amor que ela lhe dedicava, para que não desanimasse e mantivesse também a esperança que sempre ajuda na recuperação e reequilíbrio dos que se encontram enfermos ou em situação difícil.

Stella achegou-se ao leito, penalizada por ver o filho no estado em que se encontrava.

Como poderia, um rapaz forte e cheio de vida, ficar tão enfermo apenas pela influência demolidora do pai?

Mas ainda era tempo! Ela, com o seu amor, com o trabalho dos companheiros que trouxera e com a permissão do Pai que não deseja ver seus filhos sofrerem e lhes proporciona a oportunidade do auxílio, o levantariam novamente e o colocariam em condições de retornar à vida, com tudo o que podia lhe oferecer para que ele também cumprisse a sua programação de vida.

Sem perda de tempo, ela abaixou-se, depositou um beijo em seu rosto e depois, colocando a mão em sua fronte, pediu a Deus ardentemente que os ajudasse a ajudar o seu querido filho.

Dois dos que a acompanharam entraram no quarto, postaram-se do outro lado do leito e, percebendo a prece que ela fazia, acompanharam-na também, enquanto lhe transmitiam um passe para desfazer todos os fluidos deletérios que ele acumulava, emitidos pelo pai.

Aos poucos foram verificando que as névoas escuras iam se dissipando e deixando-o livre das impurezas que o envolviam.

Em seguida os três transmitiram-lhe energias espirituais para que seu físico se revigorasse, e perceberam que o jovem começou a sentir um leve bem-estar sem saber de onde vinha.

Muito ainda faltava para que se recuperasse completamente, mas o caminho era aquele. Se ali estavam para auxiliar, o auxílio lhe seria prestado e, em poucos dias, o poriam de pé e pronto para retomar o seu trabalho.

O empenho maior, porém, era o que seria realizado com Thomas.

Sempre um dos três estaria junto de William como seu guardião, para impedir que ele agisse sobre o filho.

Os outros, na medida da necessidade, estariam com Thomas para convencê-lo a deixar a casa, porque, junto do filho, ele nada mais faria.

Ele permanecia em seu quarto e ainda não visitara o filho, o que fazia a altas horas da noite.

Um dos três que acompanharam Stella e que não estivera no quarto do jovem, ocupava-se dele.

Tão obcecado estava nos seus propósitos de destruir o filho que não o havia visto nem tinha ainda condições de ver entidades mais elevadas, pelos sentimentos sombrios que abrigava.

No entanto ele ali estava como seu guardião e o impediria de prosseguir no seu trabalho.

Os outros dois, deixando Stella junto do filho, foram se reunir àquele que estava com Thomas.

Ele permanecia deitado em sua cama, mas seu pensamento era o filho.

– Logo conseguirei o que desejo e aquele que desgraçou a minha vida terá o que merece. Não prejudicará mais ninguém porque nada mais fará. O trabalho que era meu, cujo lugar ele ocupa, ficará novamente vago. Se não conseguir trazê-lo para o meu lado, tão aniquilado ficará que não trabalhará mais.

Apreendendo estes pensamentos, um deles aproximou-se mais, falando-lhe:

– O irmão está enganado! Nada mais conseguirá junto do seu filho porque aqui estamos para protegê-lo; não só a ele mas a você também, que não vê mais nada senão o seu desejo de destruir, justamente o ser que deveria ter recebido de você todo o amor que um pai deve a um filho, ainda mais que não tinha mãe.

– Quem me fala dessa maneira e parece conhecer a minha vida? Se sabe tanto deveria saber que ele não tinha mãe porque ele mesmo a matou, privando-me também da minha querida esposa.

– Você não sabe o que diz!

– Quem não sabe é essa voz que me fala e não vejo quem a emite.

– Se não me vê é justamente pelas condições em que vive, pelos sentimentos que abriga em seu coração.

Mude de atitude, peça perdão a Deus pelo que tem feito que sua vida mudará!

– Quem é você para me ditar ordens? Faço o que quero, estou em minha casa e ninguém manda em mim. Vá embora, não perca tempo comigo.

– Saiba que esta casa não é mais o lugar onde deve estar. Quem já deixou o corpo precisa procurar a própria vida, com propósitos benéficos ao espírito, para poder reequilibrar-se e recomeçar uma etapa diferente, a de espírito liberto do corpo, tão ampla de possibilidades, de aprendizado e de trabalho dignificante e redentor.

Antes que ele desse resposta, vendo que o filho estava bem, descansando tranquilo, e que Thomas estava sendo vigiado, Stella foi se reunir aos companheiros.

Ouvindo o que acabaram de dizer, ela mesma, aproximando-se de Thomas, falou-lhe:

– Também estou aqui, meu querido, e não viemos para perder tempo, mas para trabalhar muito. William, nosso filho, está doente por sua causa, pelo que lhe tem feito e viemos para proteger a ambos. A ele para que se recupere e a você para que não se aproxime mais dele, tentando prejudicá-lo como o vem fazendo, pois está prejudicando a si próprio.

– Pois torno a repetir: – Não percam seu tempo!

– Não é possível que você não tenha entendido ainda que aqui não viemos a passeio nem para perder nosso tempo que é precioso. Precisamos sempre ajudar a tantos que esperam o nosso auxílio, para que tenham um alívio dos males que sentem e reencontrem o caminho que os faça feliz – falou um dos companheiros de Stella.

– Pois ocupem-se desses, então, e deixem-me em paz!

– No momento é de você que estamos nos ocupando e vamos lhe dar paz, sim, mas não essa na qual pensa, mas a verdadeira paz que é resultado das ações nobres e da consciência tranquila.

– Até quando terei que ouvir o que me dizem? Não vejo ninguém, nem mesmo Stella, não sei quantos são, mas sei que me aborrecem.

– Se quiser nos ver é muito fácil. Se quiser ver Stella a quem disse que tanto amou, também não será difícil. Basta que eleve seu pensamento a Deus, peça-Lhe perdão pelo que tem feito, que novos caminhos se lhe abrirão, e você começará por nos ver.

– Não me interessa nada do que me dizem, estou em minha casa e daqui não sairei.

– Não nos obrigue a nos utilizarmos de recursos outros dos quais talvez não gostará.

Stella, vendo tanta pertinácia do marido, sabia que não seria diferente. E desejando fazer uma nova tentativa para, quem sabe, comover o seu coração, pediu aos outros que aguardassem que ela lhe falaria, apelando para antigos sentimentos e esperanças.

– Ah, meu querido, quantas recordações agradáveis que sensibilizam o meu coração este quarto me traz! Por isso quero ver em você aquele mesmo que eu amava, aquele que ficou feliz quando lhe revelei que esperava um filho, aquele que esperou dia a dia, mês a mês, que ele se formasse e seu corpinho estivesse preparado para vir à luz. Lembra-se das esperanças que tínhamos?

– Justamente por causa dessas esperanças que se viram frustradas, foi que meu coração se modificou. Por causa dele você partiu da minha companhia.

– Era o que deveria ser, agora eu o sei. Se não fosse por ele seria por outra razão! Mas Deus, para que você não ficasse tão só, aproveitou a vinda dele para me levar, deixando-o no meu lugar, para o seu consolo, para que você direcionasse a ele o amor que me dedicava.

– O amor que lhe dedicava era só seu e não ia transferi-lo para ninguém, muito menos para aquele que foi o culpado da sua morte.

– Eu já expliquei que nada foi como você pensa.

– Não adianta falar mais nada. Ele terá que pagar o que me fez, e agora chegou a hora. Se me controlei a vida toda nada fazendo contra ele, agora ninguém me impedirá.

– Vejo que de nada adianta continuarmos esta nossa conversa. Com certeza teremos novos meios para chegarmos ao fim que desejamos, e não descansaremos enquanto não o levarmos daqui.

– Se fizermos o que estamos pensando e que só utilizaremos como último recurso, você mesmo pedirá para que o retirem daqui, mas irá levando um grande sofrimento, o sofrimento do remorso que é sempre muito cruel.

– Façam o que fizerem, nada me comoverá. Agora

me deixem que preciso fazer uma visita a William. Quero ver como está e ajudá-lo a piorar um pouco mais.

– Engano seu, meu irmão! Nada mais do que fizer atingirá seu filho. Estamos aqui para protegê-lo e ajudá-lo também. Se não quer a nossa ajuda, o impediremos de se aproximar dele, e, se se aproximar, nada conseguirá, porque nulificaremos tudo o que lhe transmitir. A prova disso é que em poucos dias ele estará deixando o leito, tão bem se sentirá, e logo depois retornará ao trabalho retomando a sua vida.

– Esperarei para ver!

– Pois vá até ele agora! Queremos ver o que conseguirá!

Thomas que apenas ouvia sem ver ninguém, levantou-se entendendo que seria muito fácil, e dirigiu-se ao quarto do filho.

Eles apressaram-se em postar-se junto do leito de William e aguardaram-no chegar. Ele entrou como o fazia sempre. Ellen ainda dormia no quarto dele e não percebeu a sua entrada.

Colocando-se à cabeceira do leito do filho ele tentou pôr a mão em sua cabeça, mas teve-a paralisada antes de chegar ao lugar que pretendia.

Por mais forçasse, não conseguia nem levantá-la para recomeçar a sua ação, nem abaixá-la para completar o ato.

Depois de algum tempo em que assim permaneceu forçando, ele conseguiu voltar-se e deixou o quarto.

Os que estavam junto do jovem aproveitaram para transmitir-lhe mais energias através do passe reconfortante, esperançosos de que, pela manhã, ele despertaria bem mais disposto para surpresa de Ellen, que se sentiria feliz e atribuiria à sua presença vigilante no quarto que impedira a atuação de Thomas.

Isso não tinha importância. O importante era que William se recuperasse e depois ela ficaria sabendo o que estava ocorrendo na casa, porque Stella se apresentaria a ela para lhe contar e também para agradecer tudo o que tinha feito e estava fazendo para seu filho.

Depois do passe Stella permaneceu ao lado do filho, enquanto os outros três foram ao encontro de Thomas.

William dormia, o pai, com certeza, não retornaria vendo a sua tentativa infrutífera, mas Stella quis ficar em companhia dele.

Enquanto isso os três retornaram ao quarto, encontraram Thomas nervoso, irritado por ver seu objetivo frustrado, mas ele acreditava que ainda o conseguiria. Fora mal-sucedido, mas ainda teria outras oportunidades.

Eles falaram-lhe fazendo-o ver que tinham condições de impedi-lo, mas ele não aceitava, respondendo que ainda venceria.

| 12 |

ACEITAÇÃO

A NOITE DISSIPOU SUAS sombras e as claridades foram tomando o seu lugar até que se instalaram por completo, e Ellen acordou.

O cansaço do dia lhe proporcionara um bom repouso e, quando viu a manhã clara, assustou-se, recriminando a si própria por ter dormido tanto e descuidado do objetivo primeiro que era velar por William.

Imediatamente ergueu-se do seu colchão com os olhos voltados para o leito do jovem e teve uma surpresa.

Ele também despertava sentindo-se bem e, vendo a boa Ellen, disse-lhe:

– Dormi a noite toda e acordei com vontade de alimentar-me. Sinto-me melhor e agora estou esperançoso de que ficarei bom.

– Graças a Deus, meu menino querido! Ele ouviu as minhas preces, pois tenho pedido tanto pela sua saúde. Vou imediatamente buscar o seu dejejum com tudo o que gosta.

– Também não precisa tanto assim!

Ellen nem ouviu a sua resposta porque já estava longe, tão apressada saiu para que ele não se arrependesse de ter manifestado o desejo de se alimentar.

Em pouco tempo voltou trazendo-lhe uma bandeja com algumas guloseimas de que ele gostava, mas ele se satisfez apenas com um copo de leite e era um bom começo.

– Se não quer mais nada, logo lhe trarei mais alguma coisa. Quem sabe agora, em pouco tempo, você poderá deixar esse leito.

Stella, ouvindo estas palavras, disse de si para consigo:

– Em pouco tempo, filho! De hoje em diante suas melhoras se farão sentir dia a dia, e, em breve, você voltará a ser o mesmo jovem forte e belo.

Em nada William parecia com Thomas, a não ser no porte elegante e forte de quando ela o conhecera, mas os traços do rosto tinham muito dos dela. Ele era um belo rapaz.

Feliz, ela deixou o quarto e, antes de se reunir com os companheiros que se ocupavam de Thomas, foi à cozinha levar o seu abraço a Ellen, estimulando-a a prosseguir cuidando tão bem do seu filho.

Sem saber o que estava acontecendo, Ellen sentiu um bem-estar e uma alegria interior que há muito não sentia, e que atribuiu à melhora do seu querido menino.

No quarto de Thomas, a situação em nada se modificara. Ainda ele estava irritado por sua frustração e por ser obrigado a ouvir o que lhe diziam.

Bem que ele tentara deixar o quarto e ir para algum

lugar onde pudesse estar só consigo mesmo, sem a companhia incômoda dos que lhe falavam tanto, mas assim como fora impedido de agir sobre o filho, não conseguia sair, e mais revoltado ficava.

Num momento de irritação maior ele acabou por gritar:

– Afinal, o que querem de mim? Quem são vocês que não me dão paz?

– O que queremos você já sabe, não há necessidade de repetir; e quanto a não lhe dar paz, engana-se, porque é justamente o que queremos lhe proporcionar. Muita paz, a paz de um coração tranquilo que não tem ódio nem persegue ninguém ocasionando-lhe mal.

– Nesses meus propósitos, não admito interferência de ninguém.

– Nem de Stella?

– Stella não é mais aquela que amei e por quem chorei a minha vida toda. Ela também está contra mim!

– Ela o ama muito, preocupa-se com você por isso aqui estamos, mas preocupa-se também com o filho que ama tanto.

– Não consigo entender como o ama se por causa dele ela teve que partir.

– Apenas porque compreende os desígnios de Deus, submete-se a eles sem reclamar. Ela sabe que era a sua hora, e, não fosse por William, seria de outra forma. Você é que deveria entender, que já lhe foi explicado muitas vezes...

– Ainda mais agora que também não tem seu corpo

e deveria procurar a sua própria vida que é a do espírito, aceitando o oferecimento que lhe fazemos, esquecendo rancores infundados, para recomeçar – explicou um dos outros.

– Nada disso me interessa. Se não me deixarem mais me aproximar de William, também não me terão. Estou na minha casa e daqui não sairei.

– Esperemos mais alguns dias e queremos ver se a sua postura será a mesma. Temos recursos para fazê-lo modificar-se se ainda restar em si um pouco de sentimento.

– De que fala?

– No momento certo saberá!

DEIXANDO THOMAS ENTREGUE A si mesmo, os três, acompanhados por Stella, retiraram-se para poder confabular em paz.

Antes que o que tinha a liderança do grupo se manifestasse, Stella comunicou-lhes que William já havia despertado, tomara um pouco de leite e sentia-se mais animado, completando:

– Isto, para mim, é o mais importante de tudo!

– Concordo que seja importante para o momento, porque encontramos uma situação difícil e precisávamos reerguer o rapaz. Porém, para o futuro, para que permaneçam em paz, é necessário que retiremos Thomas desta casa. Nós não podemos permanecer aqui indefinidamente, impedindo a sua ação, até que ele resolva se retirar por sua própria vontade.

– Temos muito o que fazer e somos necessários em outros locais, para atender outras necessidades igualmente importantes – considerou um deles.

– Se assim é, e compreendo que não pode ser diferente, o que faremos? Entendo que não podemos ficar à disposição da vontade de Thomas que parece brincar conosco.

– Trouxemos um recurso muito importante que deverá ser utilizado, se nada mais nos restar.

– Que recurso é esse?

– Esperemos ainda mais alguns dias. Agora que William começa a melhorar, pode ser que desanime e queira aceitar o nosso oferecimento.

– Não acredito muito! – tornou Stella. – Thomas é persistente e quererá esperar novas oportunidades. Ele não se dará por vencido mesmo que William se restabeleça totalmente.

– Continuemos tentando! O que fazer, já sabemos...

– Eu vou para junto de meu filho! Quero acompanhar o seu restabelecimento e estimular nele a força de vontade e a coragem, que contribuirão para que se recupere mais rapidamente.

– Nós a acompanharemos e lhe transmitiremos novo passe de energias, que o ajudará ainda mais.

William estava desperto e esperançoso. Desde que enfermara, nunca se sentira como naquela manhã.

Até Ellen estava feliz e mais lépida em suas atividades e, constantemente, entre meio a um trabalho e outro, ou mesmo deixando uma obrigação pela metade, visitava o jovem desejando vê-lo cada vez melhor.

O passe foi transmitido, ele sentiu-se mais revigorado e, em uma das vezes que Ellen entrou no quarto, pediu que o ajudasse com o travesseiro que ele queria recostar-se um pouco na cabeceira da cama.

Feliz, ela ajeitou o travesseiro, colocou mais um para lhe dar mais apoio, e ele ficou algum tempo assim. Em seguida levou-lhe mais algum alimento que ele tomou com vontade.

– Será, Ellen, que amanhã já terei condições de levantar-me?

– Queira Deus que sim, mesmo que seja por um pouco. Uma caminhada até a sala, sentando-se lá algum tempo, far-lhe-á muito bem.

– Por que, de repente, comecei a sentir-me melhor, se os medicamentos que tomo são os mesmos e não estavam adiantando quase nada?

– Tenho orado muito a Deus, meu querido, pedindo-Lhe que o cure. Quem sabe minhas preces foram ouvidas. Sabe que o amo muito, como se fosse meu filho, ou melhor, amo-o ainda mais, justamente por que não o é e não pôde contar com sua mãe.

– Sabe que às vezes penso em mamãe, e nestes dias tenho pensado ainda mais, eu que não a conheci!

– Com certeza, ela, de onde está, vela por você e o ajuda no que pode. Ela o ama e deve ter sofrido muito por não ter podido criá-lo.

MEU FILHO | 193

– Você acredita mesmo que aqueles que partem se importam com os que ficam?

– Da mesma forma como nos preocupamos com eles e sentimos a sua ausência.

– Desse modo forma-se uma espécie de intercâmbio entre os que se foram com os que ficaram.

– Acredito que sim! Que entre eles e nós, embora não os vejamos, nada se modifica. O amor que lhes dedicamos ou que eles nos dedicam permanece inalterável se realmente era sincero.

– Já pensou, Ellen, se o contrário também acontece!

– O que quer dizer?

– Que se aqueles que não gostam de nós, ao deixar este mundo, levam o mesmo sentimento de desprezo que sempre tiveram por nós?

– De quem está falando?

– Sabe que falo de papai! Assim como o amor dos que nos amavam, ajuda-nos a prosseguir vivendo e é também um alento para eles, os que nos odiavam podem emitir esse ódio para nós e nos prejudicar.

– Em que está pensando?

– Em nada, Ellen, em nada!

Ele não ousava dizer, mas lembrou-se do pai e o seu pensamento foi captado por Stella que procurou retirá-lo da sua mente, para que aquela conversa se encerrasse. Se continuasse, em pouco tempo eles chegariam à verdade do que estava acontecendo e não seria bom que tivesse sentimentos de mágoas contra o pai, porque só o atrairia ainda mais para ele.

Ellen retirou-se do quarto, levando a certeza de que William compreendera a razão do mal que estava enfrentando, assim como também ela sabia o que era.

EM RELAÇÃO A WILLIAM, tudo caminhava conforme desejavam e auxiliavam, e, em poucos dias, deixaria o leito e retornaria à rotina de sua vida, sem saber exatamente o que havia acontecido, nem era necessário que o soubesse para que sentimentos de mágoas não o envolvessem.

Um dia, talvez, quando no Mundo Espiritual, ele tomaria conhecimento de tudo, se fosse necessário, mas nada o afetaria mais, e, se não o fosse, nunca saberia.

Agora o problema maior era Thomas. Continuava em seu quarto, e, impedido de aproximar-se do filho, vivia mais irritado, ainda mais que tinha que suportar, como pensava, aquelas presenças indesejáveis a lhe falar, tentando fazê-lo aceitar o oferecimento que faziam.

– Não adianta cercearem meus passos, para que me renda à sua vontade que não me terão. Já repeti muitas vezes: Não percam seu tempo! Vão embora e cuidem de suas vidas que, da minha, cuido eu.

– Da forma como o vem fazendo? Se formos embora você voltará à sua ação de ódio contra seu filho e o fará ainda com mais força. Dar-lhe-emos mais alguns dias para que aceite, e, se nada conseguirmos, faremos como deve ser, e que não desejávamos ainda para preservá-lo de sofrimento, porque a dor do remorso e do arrependimento são muito cruéis.

– O que é que tanto falam e não fazem? Sabem que nada me afetará, nada me convencerá, por isso poderão fazer o que quiserem, que continuarei aqui.

– Você ainda não sabe dos recursos que possuímos para aqueles como você, mas não pretendíamos utilizá-los esperando que partisse por sua própria vontade, aceitando o nosso oferecimento.

– Pois usem esses recursos que quero ver!

– Não nos desafie que sabemos bem o quê e a hora em que devemos fazer.

– O que estão esperando?

De nada adiantava entrar em discussão com ele que estava empedernido a qualquer sentimento mais nobre e nada o convencia.

Assim decidiram que se calariam e não mais insistiriam com nada.

O que liderava o grupo, vendo infrutíferas todas as suas tentativas, chamou os companheiros dizendo-lhes que deveriam providenciar o que esperavam, não fosse necessário, mas que outro meio não havia.

Stella, presente, indagou:

– O que farão agora?

– Temos algumas providências a serem tomadas e depois lhe poremos a par de tudo.

– Está bem, saberei esperar.

– Você nos ajudará depois, porque se ele se comover

precisará muito dos seus préstimos, da sua atenção, do seu carinho.

– Se ele aceitar, terá de mim tudo o de que precisar.

– Não só o aceitará como ele mesmo pedirá para ser levado!

– Que recurso tão poderoso será esse?

– Aquele que atinge o coração e faz com que ele se comova, se enterneça, se envergonhe, para que, humilde, peça a nossa ajuda.

– Já pensaram na possibilidade dessa iniciativa também falhar, como tem falhado tudo o que preparamos para ele?

– Essa será diferente e ele não terá como fugir. Esperaremos mais uns dois ou três dias apenas, até que William esteja bem mais fortalecido, para que não nos preocupemos mais com ele.

– Está bem, saberei esperar e podem contar comigo.

Durante aqueles dias que teriam de espera, eles trariam para o quarto de Thomas, uma vez que ele não aceitava sair de lá, uma aparelhagem adequada ao que precisavam.

Não era usual fazerem o que fariam fora do seu *habitat*, porque lá os recursos eram maiores, mas seria necessário que assim o fosse pela própria pertinácia de Thomas.

O que aconteceria depois seria imprevisível, mas eles estariam preparados para completar a ação e o levarem, aquiescente, submisso e dócil.

William melhorava a olhos vistos, continuava a receber o auxílio do passe reconfortante e, no dia seguinte em que se sentira mais bem disposto, manifestou o desejo de levantar-se e sentar-se na sala por algum tempo.

Nos dias subsequentes, mais tempo permanecia fora do leito, e fazia suas refeições à mesa.

Ellen já deixara de dormir no quarto dele, confiante de que mais nenhum mal lhe aconteceria. Nunca mais vira aquela sombra do senhor Thomas junto do leito do filho e entendeu que ele estava protegido pelas melhoras que estava tendo.

Em três dias, pois, o que pretendiam estava pronto. Uma aparelhagem só visível a eles fora trazida juntamente com um irmão que ajudaria naquela operação tão importante.

Tudo estava preparado. Stella, sem que eles dissessem, percebeu o que se passaria ali e estava curiosa, porque, certamente, também participaria daquela atividade, não como atuante para ajudar o marido, mas como participante do que lhe fariam viver e que ela também ignorava.

Assim que a noite se fez e que todos foram ao repouso, eles se reuniram no quarto de Thomas, em torno dele, em preces, para prepará-lo para o que fariam.

Pediam a Deus que aquela atividade pudesse ser bastante benéfica àquele irmão tão pertinaz no seu modo de pensar e agir, mas que, antes de tudo, o auxiliasse para que ele os visse. Que não fossem apenas vozes em torno dele a lhe falar, mas irmãos que o ajudavam e que eram vistos para que sentisse um maior impacto a fim de conseguirem a paz do lar e dele próprio.

Thomas ouvia essas palavras dirigidas a Deus, e como se nada significasse para si mesmo, como se não fossem direcionadas para as suas necessidades, mantinha-se calado, apenas esperando para verificar a força que possuíam para pretenderem levá-lo do lar.

Um deles, sem ser visto, aproximou-se ainda mais, colocou a mão sobre a sua cabeça e em prece profunda rogou a Deus o seu auxílio para o que pretendiam. Naquele momento, como primeira etapa, era necessário que as névoas que envolviam a sua visão se dissipassem para que ele participasse efetivamente do que realizariam.

Aos poucos, mesmo sem nenhum esforço de participação de Thomas, ele começou a visualizar alguns vultos ao seu redor, mas sem precisar quem fosse. Logo mais, sua visão foi ficando límpida e nítida, e ele viu os três que oravam por ele, mas chamou-lhe a atenção a presença de Stella, que tinha conhecimento de que estava ali, conquanto nunca a tivesse visto.

Fixando seus olhos nela ele teve uma expressão de admiração, exclamando:

– Querida Stella, como a vejo linda!

– Mais uma vez estamos aqui para ajudá-lo, Thomas, e espero que hoje, depois do que lhe será feito, possamos levá-lo para um repouso, que você está precisando.

– Eu não sairei desta casa!

– Você sabe muito bem que esta casa não é mais sua, como eu senti que não era mais minha quando tive consciência de que havia partido, mesmo tendo deixado aqui os dois entes mais queridos de minha vida. Nossa dimensão agora é outra, e o que usufruímos enquanto encarnados, aqui deve ficar, porque nossos objetivos passam a ser outros, a nossa nova realidade é outra, pois penetramos na verdadeira vida que é a do espírito. E quanto mais rápido nos desprendermos das coisas terrenas, melhor para ele que continua a sua caminhada, com os propósitos e esforços úteis apenas ao espírito. É isso que desejamos que entenda. Quando deixamos o corpo e ficamos entre os encarnados, nós só os prejudicamos, mesmo imaginando que precisamos permanecer para ajudá-los. Imagine, pois, quando permanecemos já com o declarado propósito de prejudicar, o que não fazemos, e o que faz o mal que lhes proporcionamos? Nosso querido filho adoeceu por sua causa, o nosso querido William que sofreu tanto a vida toda e ainda teve de suportar, mesmo depois de você ter deixado o corpo, a sua atitude covarde porque ele não podia vê-lo para se defender.

– Não fale assim comigo, eu que a amo tanto!

– Eu também o amei muito, mas você, com suas atitudes, abalou esse amor. Oxalá você mesmo, com novas atitudes, possa recompô-lo.

– O que devo fazer?

– Você já sabe! É nos acompanhar de livre e espontânea vontade, ou se deixar levar sem resistência, reconhecendo que não vem agindo bem e quer um novo recomeço.

– Não conseguirei!

– É só se esforçar que conseguirá. Tanto temos lutado para retirá-lo desta casa em vão, mas se quiser nos acompanhar, estará liberado do que lhe preparamos.

– O que farão?

– Tudo o que for necessário, desde que nada conseguimos até agora!

– Deixem-me a sós com Stella que preciso lhe falar!

– Por alguns instantes apenas porque não temos muito tempo para perder. Já o conhecemos bem e sabemos que é mais um de seus recursos para retardar a nossa atividade. Entretanto, vamos confiar mais uma vez e em pouco tempo estaremos de volta.

Antes de se retirarem, um deles falou à Stella:

– Estaremos à porta, à espera. Se precisar de nós é só chamar que viremos em seguida.

Todos se retiraram, e, quando ficaram sós, Thomas tornou a falar:

– Você está muito bonita e incomoda-se comigo! Isso deixa-me mais sensível e quero saber: se eu aceitar, para onde me levam, o que farão comigo, e se eu terei a sua companhia?

– Se concordar em partir, deverá ser submisso a tudo o que lhe for proporcionado, compreendendo que é para o seu bem, seja aonde for, mesmo com ou sem a minha companhia. Mesmo que não fiquemos juntos, pois você precisa passar por um período de tratamento que poderá ser prolongado, para refazer-se completamente modificando o seu modo de pensar, e entendendo a finalidade maior da nossa existência na Terra, estaremos cada vez mais próximos e um dia poderemos estar juntos. Do contrário, ficaremos cada vez mais distantes, por sua própria vontade.

– Eu não quero ficar longe de você, agora que a vejo tão bela junto de mim. Sinto-me como se os velhos tempos tivessem retornado, quando nos conhecemos, quando nos casamos.

– Mas não se esqueça de que somos espíritos libertos do corpo e nossos objetivos agora são outros.

– Eu compreendo, mas mesmo assim a sua companhia faz-me muito bem e dá-me novo alento de vida.

– Você poderia até já estar em minha companhia, se tivesse agido de modo diferente. Se tivesse aceitado tanto auxílio que lhe viemos prestar, mas sempre recusou, apenas retardando, com isso, o momento de ser feliz.

– Eu aceito o que me ofereceu. Não passarei por nenhuma atividade que prepararam para mim, se me retirar de vez com vocês?

– Justamente! Se aceitar a nossa ajuda, será levado e passará por um longo tratamento, submetendo-se e aceitando tudo o que lhe for proposto e proporcionado.

– Pois então chame seus companheiros e diga-lhes que aceito.

| 13 |

ENCONTRO FELIZ

ANTES QUE ELE MUDASSE de ideia e se arrependesse, Stella chamou seus companheiros e quando ia lhes dizer que Thomas aceitava o oferecimento que há tempos insistiam para que o fizesse, um deles manifestou-se:

– Não precisa dizer nada, minha irmã! Estamos felizes e rendemos graças a Deus por ele ter decidido com inteligência. Vamos nos preparar para levá-lo e prepará-lo, também, para que vá tranquilo, sem nenhum receio.

– O que farão comigo? – indagou Thomas um tanto preocupado.

– Esteja tranquilo, tudo lhe será proporcionado para o seu bem, sem que nada sinta, a não ser uma paz muito grande.

– Não percamos tempo! – manifestou-se o que era líder do grupo. – Esta noite ainda ele estará num leito, para iniciar um repouso restaurador – e continuando, pediu-lhes: – Reúnamo-nos em oração em torno dele, para agradecer a Deus a decisão que está tomando, pois só virá em seu próprio benefício. Os outros procedimentos, faremos em seguida.

Em torno dele eles oraram com o coração feliz, depois adormeceram-no para que fosse levado sem resistência, sem estranheza, e sem que participasse conscientemente daquela operação, pois ainda não tinha condições para isso.

Quando tudo estava pronto, Stella, que até então se mantivera submissa e participante do que propunham, pois também tinha pressa de que aquele momento se concluísse da melhor maneira possível, disse aos companheiros:

– Não preciso expressar a minha alegria e a minha gratidão por tudo o que foi feito em favor de meu filho e de Thomas, porque vocês veem no meu coração. A minha gratidão a Deus eu já expressei e não me cansarei de repeti-la sempre. Entretanto, apesar do muito que recebo neste momento e do que recebi em favor de meu filho, eu tenho mais um pedido a fazer.

– Pois fale, querida irmã, que a nossa alegria em servir é sempre muito maior quando vemos nossas tarefas bem-sucedidas.

– Sei que teremos de partir imediatamente para levarmos Thomas, mas sei também que eu não sou necessária nessa atividade. Por isso peço-lhes permitam-me permanecer mais alguns dias nesta casa até ver meu filho completamente restabelecido. Quando melhorar mais, quero ter um encontro com ele, enquanto estiver dormindo, assim como também com Ellen. Se com a partida de Thomas nada mais nos oferece perigo, eu poderei ficar só.

– Não poderíamos negar um pedido de uma mãe que ama tanto o filho e quer regozijar-se com essa nova etapa de vida que se inicia para todos aqui. Sabemos que em três dias ele estará completamente bem, ainda mais que contará com sua presença junto dele, transmitindo-lhe força e coragem.

– Que Deus os abençoe por isso, e me abençoe também para que eu realize o que espero, da melhor forma possível. Antes de partirem, podem me dizer para onde levam Thomas?

– À nossa Colônia mesmo, no pavilhão destinado àqueles que viveram e ainda se encontram em rebeldia, para que ele, depois de passar por um período de assistência intensa e constante, possa despertar mais sereno e entender o que fez, porque novo período irá começar para ele; e o que lhe seria mostrado e explicado aqui, o será lá. Ele tem que compreender que o que fazia com o filho estava muito longe de ser o que havia prometido e do que lhe devia também.

– Eu me encontrarei com ele, quando for permitido, e se puder ajudá-lo o farei com amor.

– Com certeza ele precisará muito da sua assistência, das suas palavras de conforto.

– Se eu precisar de algum auxílio aqui, saberei como solicitar.

– De nada precisará, pois deixaremos esta casa em paz e com grandes prognósticos de melhorar ainda mais.

– Pois vão na paz que Deus concede a Seus filhos que obram em favor de Seus outros filhos, e vele por mim, aqui, também.

Em pouco tempo eles partiram e Stella foi para o quarto do filho velar pelo seu sono. Ele já estava bem, apenas precisaria de mais alguns dias para que seu organismo readquirisse as energias que sempre tivera, e depois retornaria ao seu trabalho, em paz, com prognósticos de muito sucesso.

Na noite seguinte Stella se apresentaria a ele pela primeira vez, pois nunca o fizera para não assustá-lo. Mas agora não queria perder a oportunidade de abraçá-lo, de lhe falar, e também de ouvi-lo chamá-la de mamãe, que nunca tivera essa alegria.

Com Ellen falaria na primeira oportunidade que se apresentasse, pois ela merecia receber palavras de incentivo, de gratidão e a certeza de que sempre estaria amparada e protegida por todo o bem que sempre fizera ao seu filho, pelo amor que lhe dedicava e pela assistência que dera a seu marido também.

Ao amanhecer, quando Stella presenciou o despertar do filho, cuidando para que quando seu Espírito retornasse, não a visse ainda, Thomas já chegara ao seu destino e permanecia adormecido no leito em que fora colocado.

Os que dele se ocupariam tomaram as providências necessárias e, sem que despertasse, ele continuaria ainda por muito tempo sendo assistido, mas sem consciência, para que não se rebelasse e interrompesse o tratamento que lhe seria tão necessário, não só para o seu refazimento, mas para que se abrandasse e fosse mais aquiescente, para o seu próprio bem.

Conforme imaginara e esperara, aquele dia Stella ficou junto do filho, fazendo-o lembrar-se dela, para que o encontro fosse mais fácil. E tão intensamente o fazia e orava a Deus pedindo-Lhe que fosse bem-sucedida no que pretendia, tanto para o seu bem, mas muito mais pelo bem dele próprio, que parecia a ele que a tinha já em sua companhia.

Mais fortalecido ele passou muitas horas fora do leito sob as atenções e cuidados de Ellen, que a todo instante insistia com algum alimento para que se recuperasse mais depressa.

À noite, quando o sono envolve as pessoas, sobretudo os que estão mais enfraquecidos e convalescentes como William, Stella estava já em seu quarto orando a Deus para que o encontro fosse bem-sucedido e trouxesse felicidade a ambos.

Passados alguns minutos, depois que se deitou, ela percebeu que se erguia do leito em direção à porta do quarto, e foi ter com ele.

– Meu querido William! – exclamou ela tão suavemente que ele não a ouviu com precisão, mas pareceu-lhe ter ouvido algum sussurro.

Continuando o seu caminho, ela tornou a lhe falar, desta vez com mais força, mas ainda com muita meiguice.

William-espírito parou e ela, apresentando-se à sua frente, disse-lhe:

– Sou eu, meu filho querido, a sua mãezinha!

– Minha mãe?!

– Sim, meu filho, a sua mãe que tem velado por você enquanto esteve enfermo e pediu muito a Deus que o curasse.

– Estou bem melhor, suas preces foram ouvidas!

– Deus sempre atende aos pedidos das mães que amam seus filhos.

– Imaginei que a senhora não se lembrasse de mim, tão pequeno me deixou!

– Como uma mãe pode esquecer um filho? Eu acompanhei o seu crescimento passo a passo, estive muitas e muitas vezes em sua companhia.

– Por que não se mostrou antes que eu precisava tanto de uma mãe.

– Ainda não era o momento certo, filho querido! Você poderia não entender e ficar abalado, prejudicando-o. Entretanto, sem me apresentar, sempre estimulei cada vez mais o amor que Ellen já tem por você, e ela supriu a minha ausência.

– Nada nem ninguém, por mais nos ame, supre a ausência de uma mãe!

– Temos que ser submissos aos desígnios de Deus, por mais nos sejam dolorosos.

– Eu compreendo! A senhora é muito bonita, por isso papai a amava tanto!

– Não falemos de seu pai agora, que ele está bem, mas de você, de mim. Vamos fazer um passeio.

– Será o passeio mais lindo e mais feliz que farei!

– Pois então vamos!

Os dois deixaram a casa e ela levou-o a um recanto belo e tranquilo, onde passaram algumas horas conversando. Ela o estimulou muito a prosseguir como homem de bem que já o era, falou das suas esperanças de que ele também constituísse a sua própria família junto de uma esposa e de filhos. Enfim, conversaram bastante, e, felizes, quando retornaram, ela acompanhou-o até o leito, despediram-se, e ele, antes de retomar o corpo, pediu-lhe:

– Não me deixe mais tanto tempo assim sem se mostrar para mim, mamãe! Fui muito feliz nestas horas em que estivemos juntos, porque pude sentir, pela primeira vez, o que é ter mãe.

– Você sempre a teve, sempre estive atenta a você, mas, infelizmente, não da forma como desejava, mas sabe que não foi por minha vontade.

– Eu sei, mamãe!

Stella beijou-o mais uma vez e ele retomou o corpo despertando muito feliz, sem ter lembranças precisas do que lhe havia acontecido, mas um bem-estar muito grande o envolvia.

Ela permaneceu no quarto, e, algum tempo depois, quando Ellen entrou para ver se ele já estava acordado para levar-lhe o dejejum, ele falou-lhe:

– Hoje estou muito feliz. Acordei com sensações de uma felicidade imensa e não farei o meu dejejum na cama. Vou levantar-me e tenho vontade de ir dançando ou volitando até a cozinha, tão feliz me sinto.

– Mas o que aconteceu para isso?
– Tenho alguma ideia, mas não sei com precisão!
– Pois então conte-me, o que é?
– Devo ter sonhado com mamãe, pois despertei com a sua lembrança muito nítida em mim.
– Você não sabe como ela era!
– Era muito bonita e disso me lembro bem!
– Pois esforce-se que se lembrará de mais alguma coisa.
– Por mais me esforce não consigo, mas que eu sonhei com ela, tenho certeza, e essa felicidade vem toda dela.

Ouvindo a conversa entre o filho e Ellen, Stella ficou feliz. Sabia que havia permanecido no coração do filho. A sua lembrança e a felicidade que via e sentia nele, davam-lhe a certeza de que, mesmo ausente, mesmo sem nunca tê-la conhecido, ele a amava.

Ficara feliz com o encontro, mas também lhe proporcionara felicidade, a ele que tanto sofrera por causa do pai.

Restava-lhe, agora, falar com Ellen e sua missão naquela casa, pelo menos, daquela vez, estaria cumprida, e ela o faria na próxima noite.

O dia, além de tranquilo, transcorreu cheio de esperanças para William.

Com o passar das horas, o pouco que ele conseguira reter do "sonho" ia se desfazendo como lembrança, mas deixando um bem-estar muito grande no seu físico e no seu espírito, e, em poucos dias, mais um ou dois, ele estaria completamente curado.

A noite tão aguardada por Stella chegou.

Com a paz e a felicidade do dia, Ellen trabalhou bastante. Livre de maiores preocupações, nada demorou para adormecer, quando se deitou.

Stella ficou na sala e quando ela em espírito surgiu à porta, foi ao seu encontro, dizendo-lhe:

– Minha boa e querida Ellen, você não me conhece, nunca me viu, por isso me apresento: – Sou Stella e quero agradecer-lhe.

– Fico feliz em vê-la! Então William não estava enganado. Ele pensa que sonhou com a senhora, mas, ao contrário, estiveram juntos.

– Juntos e felizes! Meu filho tem sofrido muito e precisava de um pouco de alegria e de alento, e era o único jeito de lhos proporcionar, apesar de que acompanhei o seu crescimento, e sempre que me foi possível e permitido, aqui estive junto dele.

– Realmente ele estava precisando de um pouco de alegria.

– Vim lhe falar para expressar a gratidão que meu coração sente por ter sempre tratado meu filho com muito amor, e suavizado para ele os momentos difíceis que viveu junto do pai.

– Esforcei-me bastante para que o senhor Thomas tivesse se modificado em relação ao filho, mas nada consegui.

– Nem eu consegui, minha boa Ellen!... Mas agora nada mais haverá, vocês ficarão em paz!

– O senhor Thomas não está mais nesta casa?

– Como sabia que ele permanecera aqui?

– Eu o vi junto do leito do filho tentando prejudicá-lo!

– Mas agora tudo já passou. Ele foi levado e não voltará mais, assim cuidaremos para que aconteça.

– William é um bom menino, eu o amo como se fosse meu filho.

– Sei disso, Ellen, por isso lhe serei grata eternamente. Deus é muito bom. Levou-me porque era preciso, mas deixou-a em meu lugar para cuidar dele e o fez sempre com muito amor. Eu a acompanho quando me é permitido vir aqui, transmito-lhe palavras de estímulo e ajudo para que sempre se sinta bem. Você merece por tudo o que tem feito, sem ter nenhuma obrigação para com ele.

– Era uma obrigação que assumi comigo mesma desde que entrei nesta casa e percebi os sentimentos do senhor Thomas para com ele.

– Ellen, agora preciso ir. Fique na paz de Deus, continue cuidando de William com as mãos amorosas e o coração cheio de ternura, que Deus a recompensará por isso.

– A recompensa eu já a tenho e vem do próprio William que também me ama, eu o sinto.

– Isto é verdade e muito natural por todo o carinho que você sempre lhe dispensou. Que Deus a abençoe e lhe dê sempre forças para continuar cuidando de tudo, e lhe dê muitas alegrias com seus filhos, pelo amor que tem pelo meu.

– Foi uma satisfação muito grande para mim conhecê-la. Que a senhora possa partir na paz de Deus e volte sempre que puder, para maior alegria de William.

Stella abraçou Ellen, depositou um beijo em sua testa e foi ao quarto do filho depositar, também, o seu beijo de despedida em suas faces, para depois partir.

De tantas vezes que estivera naquela casa tentando modificar a situação em que viviam, aquela era a primeira que partia feliz, pois deixava o filho bem e preparado para prosseguir sua vida. Ela teria ainda uma outra tarefa importante junto de Thomas, mas não tinha pressa, porque onde ele estava, não faria mal a ninguém. Aos poucos, conseguiriam o que tanto ela desejava e o que era importante ao espírito dele, que era a sua modificação.

Deus criou Seus filhos para o bem, e os que, revoltados, praticam o mal, um dia se arrependerão, e, quais filhos pródigos, retornarão ao aprisco do Senhor, trazendo o aprendizado das experiências mal-sucedidas que lhes servirão de parâmetro para uma nova vida mais feliz, praticando somente as ações agradáveis a Deus.

| 14 |

EM RECUPERAÇÃO

THOMAS AINDA SE MANTINHA do mesmo modo como o deixaram, deitado no leito e adormecido, mas recebendo o tratamento que lhe era necessário.

Duas vezes ao dia ministravam-lhe um passe para que estivesse sereno e se recompusesse, a fim de que, ao ser despertado, não apresentasse surpresas, revoltando-se e desejando fugir.

Muito tempo ainda ele passaria naquelas condições.

Cumprido o período que achavam, seria suficiente para aquela primeira etapa do seu atendimento, mesmo adormecido, provocariam em sua mente muitos quadros sobre a sua última existência, como também sobre algumas das suas existências pregressas, com o objetivo de prepará-lo para o trabalho que fariam quando ele estivesse desperto.

O que lhe mostrariam, o que o fariam recordar, com esse recurso, nada lhe seria estranho e ele aceitaria como verdades vividas por ele a fim de que tivesse condições de iniciar um tratamento direcionado à sua recomposição plena, de acordo com as falhas que teria apresentado.

Era a única forma de prepará-lo para uma futura encarnação, porque, consciente dos seus erros, ele trabalharia a si mesmo para evitá-los porque saberia o quanto lhes haviam sido prejudiciais na sua última existência.

Quando Stella retornou do seu lar teve permissão para visitá-lo, mas ele, adormecido, não a viu.

Vez por outra ela repetia a visita, mas estava longe ainda o dia em que ele, desperto e consciente, a reconhecesse junto dele, sem revoltas, como a esposa querida que lhe fizera tanta falta.

O mais importante de tudo, quando estivesse equilibrado, era reconhecer o quanto havia sido injusto com um pobre inocente que nada tinha a ver com a morte da mãe e pagara por isso durante todo o tempo em que estivera em sua companhia, deixando-lhe marcas profundas.

Muito tempo, ou muitas existências William teria que viver para que aquela sua convivência com o pai caísse no esquecimento, se é que algum dia isso pudesse acontecer.

O tempo passava e Stella continuava suas atividades de auxílio aos mais necessitados na Colônia que a abrigava. Constantemente visitava Thomas e foi percebendo que, mesmo adormecido, sua fisionomia foi ficando mais serena como se ele estivesse num profundo repouso tranquilizador, o que significava que o dia de ser despertado se aproximava.

Ela preocupava-se quando pensava nesse momento, mas confiava que ele estaria preparado para enfrentar a verdade da sua nova condição, com todas as faltas que cometera, e ela estaria pronta para auxiliá-lo o quanto lhe fosse permitido.

Algum tempo mais passou e ela foi avisada de que, em três dias, Thomas seria despertado e que a sua presença seria importante. Preparado ele estava, mas poderiam ser surpreendidos por alguma atitude dele, inesperada e desagradável, e ela, estando presente, o ajudaria.

Antes do horário marcado, Stella estava junto dele.

Uma pequena equipe de abnegados irmãos trabalhadores e mais bem preparados para aquela atividade estava a postos, bem como os auxiliares que o assistiam diariamente.

O grupo era grande e todos circundavam o leito, quando um deles, o que dirigiria a atividade, concitou a todos que permanecessem em prece, enquanto ele promoveria o despertamento de Thomas.

Colocando a mão sobre a sua cabeça, chamou-o algumas vezes com voz terna e suave, quase sussurrando de início e um pouco mais alto depois, porque não sabia qual seria a sua reação, até que, aos poucos, ele começou a abrir os olhos.

Abriu e fechou-os algumas vezes, depois os manteve abertos e atentos ao que lhe diziam. Ele não estava entendendo nada de início, e indagou com voz enfraquecida:

– O que está acontecendo aqui? Por que todas estas pessoas em volta de mim? O que houve?

– Hoje é um dia muito feliz para nós, meu querido

irmão. É o dia em que você recupera a sua consciência depois de um longo período de alheamento, necessário ao seu refazimento.

– Não estou entendendo!

– Aos poucos entenderá, porque temos aqui alguém que o auxiliará!

A um sinal, Stella aproximou-se do leito e, tomando as mãos dele, falou-lhe:

– Estamos juntos novamente, meu querido!

– Como?! O que aconteceu? Tenho estado sozinho a minha vida toda, e de repente vejo-a comigo. Estarei sonhando?

– Não, meu querido, você está bem desperto e estamos juntos.

– Você havia me deixado!

– Mas você veio ao meu encontro, tornando-me muito feliz!

– Então eu também morri? Não me lembro de nada!

– Era necessário que esquecesse para o seu próprio bem, mas agora já sabe e viu, não estamos mortos. Continuamos vivos em espírito!

– Onde estamos?

– Num lugar muito agradável, de paz, de aprendizado, de trabalho e de preparação.

– O que farei eu aqui?

– Há muito o que fazer, mas, por enquanto, cuide de seu refazimento que as atividades virão depois.

COMEÇAVA EFETIVAMENTE, NAQUELE MOMENTO, uma nova vida para Thomas, e ainda teria, sempre que possível, que suas obrigações permitissem, a companhia de Stella a lhe encorajar e auxiliar.

No momento certo ele se depararia com suas ações na Terra, para analisá-las e verificar o que realmente havia feito da vida do filho, como também as ligações que aquela sua vida com ele tinha com outras existências passadas.

Ele não deveria estar lembrado do que lhe fora mostrado na tentativa de modificar os seus sentimentos em relação ao filho, mas o que fosse necessário, teria que ser revisto, para que tivesse uma amplitude muito grande de conhecimento do que já fora, do que fizera e do que prometera.

Somente depois é que teria elementos para a sua reflexão, e esta, quando baseada em fatos mal vividos, em experiências que nem sempre foram agradáveis aos que com ele conviveram, por sua causa, com certeza lhe causaria arrependimento, e este sempre ocasiona sofrimento. Era nesse momento que a sua modificação poderia ser trabalhada para que ele próprio se sentisse bem consigo mesmo.

Não podemos dizer que ele tivesse sido tão mau, que tivesse levado prejuízo a muitos, que tivesse lesado outros com atos desonestos e indignos; que tivesse praticado crueldades e ferido a outros, não, que isto, nesta sua última existência não houve.

Era um homem honesto, cumpridor de suas obrigações em relação à profissão; nunca deixou faltar nada no lar e recebera, embora tendo sido do seu interesse, Ellen com seus dois filhos, a quem também dera um teto e alimento.

O seu erro maior foi o que fizera ao filho. Colocara no seu coração uma couraça contra ele, depois que Stella o deixara, e se recusara, em toda a sua vida, a dar-lhe atenção e carinho, mas sempre lhe proporcionou também, através de Ellen, a satisfação de todas as suas necessidade materiais, tanto que ele se formou em Direito, o que lhe dera condições de ocupar o lugar do pai quando este morrera.

Thomas levava atitudes a seu favor, mas que eram quase anuladas pelo desprezo que dera ao filho, relegando-o, senão a si mesmo, mas à criada que o amou muito e cuidou dele com carinho.

Era nisso que ele deveria pensar porque, quando tivesse que enfrentar a realidade do que fizera, iria encontrar em William, alguém a quem já devia muito e nada fizera do que prometera.

Entretanto, não vamos antecipar informações e aguardar o momento certo para que as recordações sejam feitas quando ele tiver condições de reconhecer que errou, porque só assim cuidará para não mais errar e quererá reparar seus erros.

Enquanto imaginamos que estamos agindo corretamente, nada nos modifica, nada nos convence do contrário, por mais falem, por mais insistam. Contudo, quando nos conscientizamos de que não agimos bem, passamos a refletir nas nossas ações, e aí é o momento de promover a nossa modificação, justamente para desfazer o mal-estar que sentiremos pelo reconhecimento de que estávamos errados e, por mais nos advertissem, não demos ouvidos.

Assim aconteceria com Thomas.

A sua recuperação continuou a ser efetuada, seguindo os passos programados de acordo com as melhoras que ia apresentando e com a reação que demonstrava ao que lhe era proposto, e ele já deixara o leito, já caminhava um pouco, mas ainda não deixara a enfermaria que o abrigara quando chegou.

Assim que tivesse maiores condições passaria para outro compartimento, deixando o seu leito para outros mais necessitados, que sempre chegavam irmãos infelizes em busca de um tratamento para se refazerem do que experimentaram na Terra.

Gradativamente Thomas foi readquirindo a sua consciência plena, e, sempre que possível, Stella fazia-lhe companhia. Já deixara a enfermaria, fazia passeios pelos jardins da Colônia, recebia algumas orientações sempre que a oportunidade se apresentasse, mas nada ainda lhe fora proporcionado para que tivesse o conhecimento de algum ponto de suas encarnações pregressas.

Quando conversava com Stella, nunca tocou no nome do filho, mas ela, ao contrário, não perdia a oportunidade de fazê-lo para observar a sua reação.

Era como se ela falasse de alguém que ele não conhecesse, tão indiferente ficava.

E o seu íntimo, seria também indiferente à lembrança do filho?

Tinha uma vaga ideia de que havia tido um filho na Terra, mas de nada mais se lembrava porque ainda não era o momento.

Ele precisaria estar tranquilo para assimilar e compreender o que recordaria no momento certo, e não enfrentar essas recordações já com o preconceito formado em relação ao filho.

Um dia o mentor da Colônia que o abrigava mandou chamar Stella.

Imediatamente ela o atendeu, sendo recebida com muita cordialidade.

Colocando-se à disposição para o que fosse necessário, ouviu-o dizer:

– Querida irmã, chegada é a hora de promovermos ao nosso irmão Thomas, um período de recordações que poderão auxiliá-lo a melhor compreender os erros cometidos na Terra, em relação ao filho, e precisamos muito da sua cooperação.

– Sabe que estou à disposição. O que devo fazer?

– O seu trabalho será estar em companhia dele após a atividade que promoveremos, porque, certamente, ele precisará de apoio, de conforto para apaziguar o seu espírito, se as recordações tiverem para ele o efeito que esperamos.

– O irmão imagina que o contrário ainda possa ocorrer?

– Nunca podemos antever reações. Nós o preparamos e supomos que o momento é chegado, mas como ele foi sempre muito pertinaz e renitente no seu modo de pensar e agir enquanto encarnado, pode ocorrer o que não desejamos, mas não podemos evitar.

– Compreendo! Quando essa atividade terá início?

– Em poucos dias!

– Ele já está avisado?

– Ainda não, por isso também precisamos do seu auxílio. Quero que converse com ele e diga que logo será encaminhado a uma atividade de revisão de suas existências anteriores, com outras que tiverem ligação com a que vem de completar na Terra. E que tudo o que lhe for proporcionado o será pensando apenas em seu bem-estar espiritual, para que depois, do conhecimento de algum fato importante, ele tenha elementos de análises que serão benéficas e necessárias ao seu aprimoramento.

– Eu farei conforme me orienta.

– Não perca oportunidade de lhe falar, de fazê-lo compreender a importância dessa atividade.

– Pode contar comigo, irmão!

– A senhora e ele serão avisados do dia e da hora em que essas atividades serão iniciadas.

– Pelo que compreendi, eu não participarei delas.

– Diretamente, junto dele, não, mas tomará conhecimento de tudo o que ocorrerá, de tudo o que lhe for mostrado, em uma aparelhagem em outra sala, para que ele se sinta à vontade e para que ele mesmo, como comentários, como desabafo, lhe conte o que viu e o que lembrou, que lhe será mais benéfico. Agora pode se retirar, que, no momento certo, será avisada.

Thomas já começava a incomodar-se de nada fazer, aborrecendo-se.

Ao expressar esse sentimento a um orientador, ele lhe disse:

– Há muito o que fazer, irmão, aqui, porque temos muitos necessitados precisando de auxílio. Entretanto, até para auxiliar precisamos estar preparados e o irmão ainda não o está!

– O que devo fazer para preparar-me?

– Você terá que passar ainda por uma atividade muito importante. Depois, sim, conforme a sua reação, conforme a sua aceitação e conforme o resultado das análises que fará, logo estará preparado para também auxiliar. Por enquanto, utilize-se de nossa biblioteca, leia bastante que todos os nossos livros são salutares e instrutivos e também o ajudarão.

– Eu o farei! Procurarei a biblioteca hoje mesmo e pedirei à bibliotecária que me indique o mais adequado dentro da minha condição.

– Pois faça isso que já será um auxílio ao que deverá realizar dentro de poucos dias.

A PRÓPRIA STELLA RECEBEU a notícia de que o dia já era chegado, bem como o encargo de comunicar a Thomas que, na manhã imediata, os promotores da atividade pela qual ele deveria passar, estariam a postos para recebê-lo. Ela mesma, conhecedora do local onde a realizariam, deveria levá-lo até eles.

– Você estará comigo? – indagou Thomas, assim que foi avisado

– Esse é um trabalho que só a você diz respeito e deverá ficar em plena liberdade para que seja bem realizado. Quando terminar, estarei à sua disposição para ouvi-lo no que desejar me contar. A partir de agora, porém, você deve preparar-se em preces, rogando a Deus que o auxilie a compreender o que verá, o que sentirá, para que lhe seja realmente benéfico.

– Da forma como fala, fico receoso!

– De nada deve ter receio. O que verá já foi feito, não tem mais volta. A sua finalidade é para que se analise dentro do que fez e do que é atualmente. Se houve algum progresso de sua parte ou se continua o mesmo. Se cumpriu aquilo que se propôs ou se falhou. Se houve falhas, em que ponto as houve, e o que poderia ter feito para que fossem evitadas. Enfim, você terá uma série de elementos para análises e reflexões, que o levarão a concluir que tudo o que já fez, tanto de bem quanto de mal, são lições para você. As boas, para que sejam conservadas, repetidas e sempre aprimoradas. As más, para que as alije de seu coração e nunca mais as pratique. O importante é que retire de cada um dos fracassos, lições que lhe serão salutares. Essa é a finalidade maior da atividade que fará. Não é para humilhar nem cobrar nada de ninguém, senão estimular bons comportamentos e atitudes mais nobres para o futuro, procurando despojar-se do que reconhecer de mal em si mesmo, colocando em seu lugar as virtudes tão proclamadas por Jesus Cristo, quando foi à Terra levar suas prescrições de vida.

– Quanto mais você fala, mais receio tenho, porque sinto a responsabilidade do que farei.

– Tudo o que fazemos sempre deve ser feito com responsabilidade, tanto aqui quanto na Terra, para que erremos cada vez menos. Bem, o que precisava lhe dizer já o fiz, que era avisá-lo da sua atividade de amanhã. Prepare-se em prece, como lhe recomendei, que amanhã logo cedo estarei aqui para levá-lo.

Thomas estava verdadeiramente assustado. Não se lembrava de que tivesse infringido as leis de Deus, na sua última existência terrena, mas havia outras das quais não tinha a mais leve noção. O que deveria, porém, era esperar para ver e preparar-se para que fosse bem-sucedido. O depois ficaria para depois, e ainda contaria com a presença de Stella que o ajudaria no que fosse necessário.

Naquela noite ele pouco dormiu.

Pela manhã, estava cansado e sonolento mas precisava levantar-se, pois, em pouco tempo, Stella chegaria e seria bom que ele já estivesse esperando.

De fato, quando Stella chegou ele a esperava, mas antes de sair, pediu-lhe:

– Querida Stella, faça uma prece comigo e para mim, que sinto-me em ansiedade.

– Nós a faremos!

Em poucas palavras, que nem sempre são necessárias muitas, que cada uma vale pela intenção que nelas se coloca, a prece foi feita e ele pareceu mais sereno.

Ela guiou-o pelos corredores até encontrar a sala onde deveria entrar. Antes, porém, Thomas parou à porta e leu uma pequena placa que dizia: – *Departamento de revisão do passado.*

– Venha, chamou-o ela. Não devemos nos fazer esperar porque todos têm suas atividades muito bem programadas.

Thomas entrou após ela, um tanto desconfiado e demonstrando intranquilidade. O desconhecido sempre nos assusta e ele estava intimamente assustado.

– Este é Thomas, com quem começarão hoje as atividades de revisão do seu passado – disse-lhes Stella.

– Somente do que for necessário e útil, relativo à sua última existência terrena – explicou um dos que o esperavam.

E olhando para Thomas, falou-lhe:

– Esteja tranquilo que aqui estamos para ajudá-lo. Se encontrar nas suas visualizações o que entender como erros cometidos, todos nós já erramos muito, mas Deus, nas sua infinita misericórdia, nos dá sempre novas oportunidades de recomeço. E para que não mais erremos é que devemos tomar conhecimento do que fizemos, das consequências que tiveram para conosco, a fim de que evitemos cometê-los novamente.

| 15 |

ENCONTRO COM O PASSADO

À RETIRADA DE STELLA, Thomas foi convidado a se sentar em uma cadeira diante de uma aparelhagem desconhecida dele, mas que lhe deu uma vaga impressão de ter visto algo semelhante sem se lembrar onde ou quando.

Um tanto intranquilo e receoso ele obedeceu. Não sabia o que realizariam para ele, mas mantinha-se observador e calado.

Os que o acompanhariam e dirigiriam aquela atividade rodearam-no e, um deles, disse-lhe:

– Antes de começar, transmitir-lhe-emos um passe para serená-lo, a fim de que esta atividade seja vivida intensamente por você, esquecido do momento presente e totalmente imerso naquele passado que irá reviver, como se você fosse apenas aquele. De início, para que tome completamente conhecimento daquela existência que precisamos, seja revivida, o faremos de tal forma como se nunca tivesse havido outra antes. No momento certo, porém, que pode não ser hoje ainda, você próprio, com o nosso auxílio, fará a ligação entre o que verá com o que viveu recentemente, a fim de estar apto a fazer análises e reflexões tão necessárias.

Thomas nada disse, apenas ouviu, porque ainda estava assustado.

Depois dessas explicações, foi-lhe recomendado que elevasse o seu pensamento a Deus, pedindo ajuda pois, o que fariam, seria uma preparação para uma atividade muito importante e necessária, diante do que ele havia vivido e como o havia feito.

Terminado aquele momento, um deles indagou como ele se sentia, e Thomas respondeu que estava mais sereno.

– Podemos começar, então? – perguntou o que tinha o comando daquela ação.

Thomas nada mais disse e o aparelho foi ligado.

Algumas imagens foram surgindo diante dele através do aparelho, e logo no início ele viu uma criança, um menino de cerca de dois ou três anos, brincando alegre num pequeno jardim diante de uma casa simples.

Ele corria para lá, para cá, às vezes caía mas levantava-se em seguida, sem chorar, sem se preocupar e prosseguia.

Num certo momento, uma mulher ainda jovem, mas de aparência enferma, pálida e enfraquecida, surgiu à porta, e, com voz fraca, chamou-o:

– Filhinho, venha para dentro com a mamãe!

O menino parou de brincar e obedeceu à mãe.

A imagem foi imediatamente fixada e ele viu o interior da casa. Simples, pobre, mas limpa e em ordem.

Um dos que participavam daquela atividade indagou-lhe:

– O que me diz do que viu?

– Apenas uma criança brincando e uma mãe doente.

– Nada lhe recordam essas duas pessoas?

– Nada!

– Pois então prossigamos!

A senhora sentou-se e colocou o filhinho no colo, abraçando-o com o resto de forças que possuía, e lágrimas correram de seus olhos sem brilho.

O menino, percebendo, perguntou:

– Por que chora, mamãe?

– Por nada, filho! Talvez pela alegria de tê-lo em meus braços!

– Se está alegre deve sorrir!

– Também choramos de alegria!

Ela sabia bem que em pouco tempo deixaria aquele seu filhinho só, sem o seu amor, sem os seus cuidados, porque teria que partir.

Suas energias se esvaíam consumidas pela enfermidade, e ela não resistiria por muito tempo mais, embora estivesse lutando consigo mesma para não deixar os filhos.

Além daquele tão pequeno, possuía um outro, um menino mais velho que completava dez anos.

O seu marido a deixara logo depois do nascimento do seu filho mais novo, entusiasmado com alguém que conhecera e que o iludira com promessas de uma vida feliz e cheia de amor, e ele não resistiu, deixando a esposa e o filho pequeno nos braços.

Desde aquela ocasião ela foi fenecendo. Entristeceu-se, mas lutou muito para criar os filhos e manter o mais velho na escola.

Além das obrigações com a casa, ela passou a trabalhar em outras casas ajudando nas obrigações domésticas de limpeza e cuidado com as roupas. Em algumas levava o filhinho, em outras não lhe era permitido, mas ela marcava um horário em que o filho mais velho, ainda uma criança também, cheio de vida e de vontade de brincar, pudesse ficar com o irmão em casa.

Desde pequeno, pois, o mais velho cuidava do pequeno e, mais tarde um pouco, quando a enfermidade surgiu no físico de sua mãe, essa obrigação tornou-se mais constante.

O menino não reclamava, cuidava do irmãozinho com muito amor, e fazia-o com alegria, sem nunca achar que poderia estar brincando em vez de fazer o que não era de sua obrigação. Enquanto estudava, se a mãe pudesse, cuidava do pequeno. Colocava-o junto de si, no leito, e quando ele se ausentava para ir à escola, ficava mais difícil.

Havia dias que até à cozinha ele precisava ir para preparar o pouco que possuíam em casa.

Quando a mãe precisou deixar de trabalhar, tudo piorou.

As suas patroas, apiedadas, mandavam-lhe sempre algum suprimento para a alimentação dela e dos filhos, e era disso que sobreviviam.

Sem recursos, a saúde daquela pobre mãe só podia piorar, mas não havia outro meio.

– Preciso arranjar algum serviço para fazer – disse--lhe um dia o menino mais velho.

– Como vai trabalhar se é ainda tão criança e tão necessário aqui em casa?

– Pois deixo de estudar e nessas horas faço algum trabalho. Sempre dará para ganhar algum dinheiro.

– Isto eu não quero, filho. De forma alguma desejo que deixe a escola para trabalhar.

– Mas é preciso, mamãe!

– Não me dê esse desgosto! Nunca mais repita isso!

Interrompendo novamente a transmissão das imagens, um dos promotores daquela atividade olhou para Thomas indagando:

– Como está se sentindo, irmão?

– Eu não sei o que querem de mim, fazendo-me ver histórias com as quais nada tenho a ver.

– É assim que considera o que está vendo?

– De que outra forma devo considerar?

– O senhor imagina que estamos aqui para nos distrair, fazendo-o ver histórias que não lhe dizem respeito?

– Até o momento eu nada entendi, senão o que eu disse.

– Mas está acompanhando o desenrolar dos acontecimentos e retendo-os em sua mente?

– É impossível não acompanhar se estão se desenrolando todos à minha frente!

– Pois vá acompanhando com atenção, como se depois tivesse que narrar tudo o que viu a alguém.

– A quem devo narrar esta história?

– Não se preocupe com isso! Talvez tenha que narrá-la a si mesmo, muitas e muitas vezes.

– Sabemos porque ainda se encontra nessa postura de observador apenas, mas depois será diferente – manifestou-se outro dos que o auxiliavam.

– Vamos prosseguir! – exclamou o que primeiro se manifestara.

As imagens retornaram num ponto em que aquela pobre mãe, já muito mal de saúde, não mais deixava o leito.

O filho menor, sempre à volta dela, também participava do mesmo leito que ela para poder ficar juntinho da mãe.

O mais velho, embora tão criança ainda, saía à rua ver se conseguia algum dinheiro para algum alimento ou medicação, mas trazia tão pouco, que mal dava para um alimento parco que ele reservava para o irmãozinho e para a mãe, já sem vontade de se alimentar.

Para ele mesmo pedia um pedaço de pão que comia na rua para ter forças para prosseguir. Às vezes, até um prato de comida ele pedia e ganhava, mas comia com certo remorso, sabendo que os que ficaram no seu lar, nada teriam.

As dificuldades aumentavam cada vez mais, porém, ao chegar à casa, ainda encontrava a mãe, que, de qualquer forma, lá estava junto do pequeno, e, mesmo com

MEU FILHO | 235

muito sofrimento, recebia dela o sorriso de satisfação por vê-lo.

Com voz quase sussurrada ela o chamava para perto de si e pedia que a abraçasse, agradecendo a Deus ainda estar viva para vê-lo mais uma vez, porque sabia, se não acontecesse enquanto ele estivesse em casa, algum dia, quando chegasse, ela não estaria mais para recebê-lo.

Apesar dos temores, da tristeza de ter que deixar os filhos tão pequenos, ela não pôde evitar de partir, e, numa manhã em que o filho se preparava para sair à rua, aproximando-se do leito, viu que a mãe estava muito diferente. Ofegante, os olhos embaçados, nem viu que ele estava em sua companhia.

O pequeno ainda dormia e ele abraçou-a chamando-a, mas ela acabou de desfalecer em seus braços.

Desesperado, o menino saiu correndo chamar as vizinhas que se aprestaram em vir imediatamente, mas nada mais poderia ser feito.

Ela partiu deixando os filhos na mais extrema penúria, penúria essa que ela também experimentara, e sofrera muito por não poder proporcionar-lhes pelo menos o alimento necessário para a manutenção da vida deles.

As próprias vizinhas, embora pobres também, tomaram as providências necessárias para o sepultamento do corpo, mas o mais difícil era o que ficava.

Ela já havia partido, descansara, conforme elas consideravam, mas a luta maior teria que ser empreendida pelos filhos que ficaram sós.

O que eles fariam tão novos ainda, sem pai, sem mãe,

sem recurso algum? Como sobreviveriam se nada possuíam em casa? Pelo menos a casa, conquanto pobre, era deles, que o pai, ao partir deixara, e com o teto eles não precisavam se importar.

Após os funerais mostrados na tela, muito tempo havia passado em que ali estavam naquelas visualizações, e um deles, o que tinha o comando da atividade, achou por bem desligar o aparelho, surpreendendo Thomas.

– Que história mais triste me mostraram!

– Todas as histórias são tristes quando não há alimento nem o chefe da família, e ainda há a enfermidade que acaba levando o ser que deve manter a união familiar, com seu amor, com seu esforço.

– Quem são essas pessoas que me mostraram?

– Nós vamos interromper por hoje esse trabalho, mas peço-lhe que, mesmo sem saber de quem se trata, tenha toda essa história em sua mente e repense-a toda muitas vezes, para que ela fique bem guardada em seu coração, que logo ela lhe será muito útil.

– Não entendo!

– Por ora não poderei dizer mais que isso. No momento certo você terá em sua memória tudo o que deve recordar do seu passado. O que viu hoje o ajudará muito.

NA SALA AO LADO, acompanhando o que ia sendo mostrado a Thomas, em uma outra aparelhagem, Stella viu quando a atividade foi encerrada por aquele dia.

Algumas poucas horas haviam sido despendidas e seria muito cansativo prosseguir, como acumular muitas informações, porque algumas poderiam se perder no esquecimento.

Quando Thomas foi dispensado, saiu com a recomendação de que estivesse ali na manhã seguinte no mesmo horário.

Ao deixar a sala, ele deparou-se com Stella que o esperava.

Fui avisada de que já estavam por terminar e vim esperá-lo. Como foi? O que fizeram com você?

– Comigo nada fizeram, mas me mostraram uma história triste de abandono, miséria e morte, que ainda não entendi por quê, e ainda pediram-me que a recordasse muitas vezes para não esquecer nenhum detalhe. Lembrei-me do tempo em que frequentava escola e precisava estudar em casa para reter a aula que havia sido dada.

– Nada mais lhe disseram?

– Apenas que retivesse aqueles acontecimentos que visualizei que me seriam muito úteis.

– Eles sabem o que dizem e você deve seguir esse conselho. Se quiser a minha colaboração, estarei à disposição. Você pode, para começar a se recordar conforme foi aconselhado, contar me o que viu. Estou curiosa.

Stella sabia muito bem o que havia sido mostrado porque também vira, mas precisava ajudá-lo. Por obrigações reencarnatórias que deveria cumprir, ela não participara daquela existência, mas estava compreendendo bem a intenção do que faziam e já desconfiava que alguma conclusão a que estava chegando, era correta, mas nada podia dizer nem indagar a ninguém.

A sua tarefa junto de Thomas era ajudá-lo, e, ao final, ela teria também, aberto ao seu espírito, um pouco mais do passado do marido e quiçá do filho. Tinha em si uma forte impressão de quem ele era ali naqueles acontecimentos, mas não lhe cabia fazer nenhum comentário.

Diante do seu oferecimento, Thomas aceitou e pediu que fossem a um lugar onde pudessem estar tranquilos para conversar.

Stella o levou a um recanto do jardim onde ninguém os interromperia, sentaram-se em um banco e ficou esperando que ele falasse.

Como demorava, ela interpelou-o dizendo que o tempo era precioso e não deveria ser desperdiçado.

Sem saber como começar, no início ele foi misturando um pouco a ordem dos acontecimentos, e, não obstante ela estivesse entendendo porque vira o mesmo que ele, disse-lhe que sua história estava um pouco obscura. Que a recomeçasse a fim de que ele mesmo a tivesse na sequência em que lhe fora mostrada, evitando confusões depois quando tivesse que recordá-la só.

Ele foi contando tudo o que vira e, ao final, diante do silêncio de Stella que precisava deixá-lo falar, indagou:

– Você entendeu essa história?

– Devemos considerar que ela foi interrompida como você mesmo disse, e falta ainda acontecimentos para que se complete.

– Por que me mostraram acontecimentos que envol-

MEU FILHO | 239

vem pessoas que não conheço e pelas quais nada posso fazer?

– O que lhe mostraram deve ter um significado muito importante para você. Comece por analisar as atitudes de cada um dos que visualizou, sobretudo a daquele menino, criança ainda e já tão responsável.

– O sofrimento e a necessidade tornam as crianças adultas muito antes da hora.

– É verdade, mas é uma pena que assim aconteça, porque toda criança deve ter seu tempo de infância, vivido como criança, sem obrigações tão pesadas, que não as próprias da sua idade, para ir crescendo disciplinado e ser um adulto responsável.

– Devemos considerar que ele estava vivendo uma situação muito difícil, mas se renunciava à sua vida de criança, era porque já era bom. Se não fosse um bom menino, mesmo que a mãe passasse necessidade, mesmo enferma, ele não se importaria e quereria viver a sua vida sem pensar em ninguém.

– Muito bom que tenha prestado atenção a esse detalhe. Realmente ele era um menino bom e preocupado com a mãe, que fora abandonada pelo marido.

– Resta-nos saber agora como vão viver, como vão se sair depois da morte da mãe.

– Tem razão! Será difícil para ele conseguir meios de subsistência tanto para si quanto para o irmãozinho tão pequeno ainda.

– Se ele se sacrificou até aqui para proporcionar algum recurso à mãe, fará o mesmo para o irmão. Ele será capaz de deixar de se alimentar para que o irmãozinho não fique com fome. Sabe que no início aqueles acontecimentos estavam me aborrecendo, mas analisando-os como estamos fazendo, não vejo a hora que o amanhã chegue para prosseguirmos.

O RESTO DAQUELE DIA Thomas reviveu muitas vezes em pensamento toda a história que vira. Quando retornou na manhã seguinte para continuar a sua atividade, tinha-a toda na sua memória.

Os procedimentos foram os mesmos, a prece pedindo a proteção do Pai foi proferida e a atividade teve início.

A imagem retornou naquela mesma casa onde duas crianças permaneciam sós, e, ao vê-las, Thomas se sensibilizou.

O menino maior, tão criança ainda, deveria começar a providenciar o de que teria necessidade para a sua sobrevivência e a do irmãozinho, tão pequeno que ainda não avaliava a situação em que se encontrava, a não ser a falta da mãe.

O que ele faria?

Costumava sair à rua para oferecer seus serviços dentro do que a sua idade e capacidade poderiam fazer, mas era quase nada.

O que poderia fazer um menino de dez anos, enfraquecido pelas carências a que era obrigado a viver, apesar da grande força interior que trazia?

MEU FILHO | 241

Pelo pouco que conseguia, via-se obrigado a pedir, para não voltar para casa sem nada.

Seus estudos estavam ficando sacrificados e constantemente ele faltava às aulas. Só não as tinha abandonado de vez porque sabia, que o desgosto que daria à mãe, onde ela estivesse, seria muito grande.

Às vezes pedia a algum vizinho que ficasse com seu irmãozinho, tão pequeno ainda, mas eles também tinham suas obrigações e necessidades e nem sempre podiam atendê-lo.

A situação estava ficando deveras difícil e ele resolveu que, quando saísse à rua, se ninguém pudesse ficar com o irmão, o levaria consigo. Seria mais difícil, mas melhor que nada.

O pequeno cansava-se logo, choramingava, irritava-se e ele precisava voltar ao lar quase sempre sem nada.

Quando retornava mais cedo aproveitava para dar uma arrumação na casa e fazer uma limpeza. Até as roupas ele tinha que lavar, e preparar o pouco que conseguia em alimentos para não morrerem de fome.

Algum tempo passaram nessa situação até que um dia, quando se encontravam em casa, recebeu uma visita de uma senhora que fora notificada da condição em que viviam, dizendo que eles, tão pequenos, não podiam continuar daquele jeito.

Não poderiam ficar sós nem ele poderia perder aulas. Ela vinha oferecer um orfanato da cidade para que o pequeno pudesse ser mais bem-cuidado.

– E eu? – indagou o menino.

– Só recebemos crianças pequenas como seu irmãozinho. Da sua idade nos dão muito trabalho e não temos recursos para tanto.

– Eu não vou me separar do meu irmãozinho.

– É para o bem dele e o seu também!

– Como a senhora pode saber o que é melhor para nós? Ele sentiria a minha falta já que nem temos mais nossa mãe e sofreria muito.

– Logo ele esquecerá!

– Pois é isso mesmo que eu não quero!

– E como vão viver aqui?

– Da forma que estamos vivendo! Se a senhora quer nos ajudar, que o faça deixando-nos juntos aqui! Ele terá a minha companhia e eu cuidarei dele!

– Mas seria melhor para ele e mais fácil para você! Quando ele crescer um pouco pode ser adotado por alguma família que o queira e que cuidará bem dele. Assim, terá um futuro muito melhor.

– Pode ser que sim, mas sem mim, sem mamãe que já nos deixou, ele sofrerá. Não quero que, quando crescer, ele vá dizer que o deixei em mãos estranhas.

– Desse modo é que não pode continuar!

– Pois ajudem-nos, mas nos deixem juntos e na nossa casa!

Depois de muita conversa e nenhuma solução, porque o menino se mantinha irredutível, ela disse que então veria o que poderia fazer. Que falaria com algumas das senhoras, suas amigas e colaboradoras do orfanato, e retornaria para dar uma resposta, trazendo o que pudesse conseguir.

O menino ficou mais feliz e agradeceu, e a senhora, ao se despedir, ainda lhe falou:

– Admiro muito a sua atitude. Tão criança ainda e já valoriza de modo tão intenso a união familiar, o cuidado com o seu irmãozinho, mesmo em sacrifício de sua vida.

– Faço por mim, por ele e por mamãe, que não merece ver meu irmãozinho num orfanato.

– Sua mãe já morreu!

– Mas de onde ela está, nos vê e ficaria muito triste se nos separássemos.

– Como sabe que sua mãe pode vê-los?

– Sinto isso!

– Está bem! Eu retornarei com o que puder conseguir!

Passados mais alguns dias eis que aquela senhora, acompanhada de uma outra, os visitaram trazendo uma boa porção de víveres que daria para eles se alimentarem por muitos dias, sem preocupação.

A que acompanhou a senhora que primeiro os visitou, disse-lhes:

– Trar-lhe-emos sempre um suprimento até que possa se arranjar de outro modo. Continue a frequentar suas aulas para ter um futuro melhor que nós o ajudaremos.

– Eu agradeço muito às senhoras por compreenderem que não posso me separar do meu irmãozinho e por estar nos ajudando, facilitando-me cuidar melhor dele.

– Como faz quando vai à escola?

– Alguma vizinha fica com ele!

— Tenho muita pena de você, tão criança, já sofrendo tanto e com tantas responsabilidades.
— Onde está seu pai?
— Ele já havia abandonado mamãe há tempos, por isso ela ficou tão doente e acabou morrendo.
— Agora nós vamos embora mas voltaremos sempre. Vou ver se consigo também algumas roupas para vocês.
— Eu agradeço muito! As que temos já estão muito velhas e pequenas.

APÓS AQUELA VISITA A vida dos dois garotos melhorou bastante.

O mais velho poderia se dedicar mais ao irmãozinho, à casa e sobretudo aos seus estudos, sem tanta preocupação pela sobrevivência.

Com um pouco mais de conforto e mais tranquilidade apesar de que muito ainda restava em responsabilidade para uma criança tão nova, o tempo foi passando.

Ele concluiu os estudos elementares que lhe davam o essencial para não andar pela vida como cego, e alheio às noções principais do que uma pessoa precisa saber. E assim como ele crescera, o pequeno também se desenvolvia mais forte e mais bem-cuidado com o que as senhoras lhes proporcionavam, e com o pouco que o mais velho conseguia através de algum trabalho, que já tinha mais condições para isso.

O que poderia ter se transformado em tranquilidade pelo que conseguiram e pelo tempo que passava, foi trazendo ao mais velho dos dois uma preocupação e um trabalho maior.

À medida que o pequeno crescia, tornava-se mais voluntarioso, insubordinado e grosseiro com o irmão.

Achava que não lhe devia obediência porque ele não era seu pai e desrespeitava-o sempre. Era indolente e, já em idade escolar, não gostava de estudar e causava problemas na escola.

Frequentemente o mais velho era chamado por alguma má-criação que ele fizera.

A vida dos dois estava se tornando difícil. O que havia se sacrificado tanto pelo irmão, já não sabia mais o que fazer.

Quando o mais velho conseguia algum trabalho, sempre reservava o horário em que o irmão ia à escola para fazê-lo, para poder estar com ele em casa, insistir para que fizesse as obrigações que a professora passava, mas ele se rebelava e não obedecia.

Ele esforçava-se para que o irmão fosse responsável e obediente, para que cuidasse do que era seu com amor, mas estava difícil.

As senhoras que os visitavam ainda procuravam ajudá-lo, mas o pequeno dizia que elas nada tinham com a sua vida e, se estivesse em casa quando chegavam, ele dava um jeito de escapulir e ia para a rua.

A que sugerira, há anos atrás, que ele fosse levado a um orfanato e adotado, lembrou ao mais velho:

– Se tivesse concordado conosco naquela ocasião, em

colocar seu irmão no orfanato, hoje ele teria sido adotado por alguma família, teria pais, embora adotivos, com força suficiente para se fazerem respeitados, e o educariam melhor.

– A senhora quer dizer que ele é assim por minha causa?

– Não foi isso que eu disse! Mas você, como irmão e muito novo ainda, não tem o respeito dele, o que seria diferente com a assistência constante de um pai e uma mãe.

– Jamais me separaria do meu irmão, já lhe disse muitas vezes.

– Eu louvo essa sua atitude, mas está sendo muito difícil para você.

– Tem razão, mas quando ele crescer um pouco mais se modificará!

– Queira Deus que sim!

Havia algumas ocasiões, no entanto, em que o pequeno era mais cordato e menos rebelde, e ambos podiam conversar. Quando tinham essa oportunidade, o mais velho, às vezes, lhe dizia:

– Sempre me lembro de mamãe, do quanto ela sofreu, do quanto nos amava, da falta que nos faz, e penso:
– Onde será que ela está?

– Eu não me lembro dela e por isso nunca tenho esses pensamentos. Gostaria de ter tido a nossa mãe conosco sempre, mas se não a temos, nada podemos fazer e não vou perder meu tempo pensando em quem não lembro.

– Ela o amava muito e sua tristeza maior, quando estava doente, era por sua causa, tão pequeno ainda e tão necessitado dela.

– Não gosto quando volta a esse assunto. Ela nada mais significa para nós e temos a nossa vida.

– Quis lembrar mamãe para que soubesse o quanto ela nos amava e o quanto deve estar preocupada com você que é tão rebelde.

– Vai começar de novo? Não quero ouvi-lo. Você não pode me ver bem que já começa a me irritar.

Desse modo o assunto era encerrado, o pequeno saía à rua e o mais velho ia cumprir algumas das suas obrigações no lar.

Tudo isso Thomas estava observando mas ainda não tinha a identidade daquelas crianças nem entendia o porquê daquela história lhe estar sendo mostrada.

Os fatos continuaram por mais algum tempo sem que nada houvesse se modificado em relação ao pequeno, até que as imagens foram interrompidas por aquele dia.

Como no dia anterior, Stella estava à sua espera e levou-o a um passeio onde puderam comentar o que ele vira.

Ela, para que ele não soubesse que também estava vendo, fazia-lhe perguntas, auxiliando-o a recordar-se do que vira e a reter a história em sua mente, a fim de que fosse fazendo suas reflexões, mesmo imaginando que se tratava de duas crianças que não sabia quem eram.

Ele contou-lhe que ambas já haviam crescido, mas que o pequeno estava se revelando uma pessoa ingrata. Não obedecia ao irmão, era rebelde e quase sempre fazia apenas o que desejava.

Ao final da conversa, depois de ter narrado a Stella tudo o que vira, feito alguns comentários mostrando-se penalizado pelo menino mais velho que dedicava sua vida ao irmão mais novo e ele não reconhecia nada, indagou:

– Você tem alguma ideia de quem sejam aquelas crianças que aparecem na história e porque as mostram justamente para mim que nada tenho a ver com elas? De que me adianta ver o que acontece com elas, apesar de ser uma história interessante de sacrifício e ingratidão.

– É esse o seu julgamento a respeito da história? Sacrifício e ingratidão?

– Por tudo o que lhe contei, você deve fazer esse mesmo julgamento.

– Tem razão! É um ato louvável de dedicação e sacrifício do irmão mais velho, e de muita ingratidão e rebeldia do mais novo. Entretanto, mesmo sem saber quem são aquelas crianças, a história lhe fornece elementos para muita reflexão e que podemos aproveitar para nós mesmos, uma vez que já temos a capacidade de julgar uma ingratidão em paga a tantos benefícios prestados em sacrifício à própria vida.

– Deve ser por isso que me mostram, como forma de eu ir aprendendo lições que só poderão auxiliar-me.

Nada mais Stella poderia comentar porque já sabia muito bem o porquê daquela história, quem eram as personagens nela mostradas, mas ele deveria concluir por si mesmo para que a história fosse realmente benéfica ao seu aprendizado.

| 16 |

REFLEXÕES

THOMAS PENSOU MUITO ENVOLVIDO com a história, e uma nova manhã chegou, durante a qual ele deveria cumprir mais uma etapa da sua atividade.

Antes de iniciar, porém, antes mesmo da prece ser feita ele falou:

– Gostaria, antes que começássemos, que me dissessem de quem trata essa história. Por que eu devo vê-la?

– Nada fazemos aqui sem um objetivo benéfico. Os fatos estão se encaminhando para o seu final, pelo menos o que devemos mostrar, e logo você entenderá quem são as personagens e por que lhe mostramos. Continuemos, pois, que a conclusão de tudo deve partir de você mesmo, se tem feito as reflexões que recomendamos.

A prece foi proferida, as imagens ligadas, e, como mostravam um período diferente, Thomas indagou:

– Essa história é a mesma que eu estava vendo?

– Apenas as duas crianças já são adultas, a vida de sacrifício e dedicação do mais velho continuou, e o mais novo em nada se modificou. Continuemos que você verá com seus próprios olhos.

As imagens começaram a se desenrolar e ele foi vendo o rapaz mais velho trabalhando muito. E como nunca tivera oportunidade de uma instrução mais aprimorada, não tinha condições de realizar um trabalho menos rude, com um salário melhor.

Sempre com tantas obrigações, ele realizava um serviço árduo, louvável como são todos os serviços praticados com dignidade, mas muito pesado e mal remunerado.

A ajuda das senhoras, assim que ele pôde começar a trabalhar, foi suspensa, para que pudessem ajudar a outros em condições difíceis, piores que as deles, justamente dos que não tinham condições de trabalhar.

O mais novo completara o seu curso elementar com dificuldade e nada mais fizera. Não trabalhava, ficava em casa o dia todo e, à noite, saía em busca de aventuras arrojadas para conseguir, através do roubo, o que não conseguia através do trabalho.

O irmão não sabia exatamente o que ele fazia e tinha medo de saber porque desconfiava que podia não ser nada bom. Ele sempre trazia dinheiro no bolso, andava bem-vestido, alimentava-se bem, pouco se importando com o irmão.

Num momento em que a imagem foi fixada na tela, Thomas, revoltado com o que via, manifestou-se:

– É muito ingrato esse jovem! Não respeita o irmão, não reconhece tudo o que fez por ele, os sacrifícios que enfrentou para não se separarem, as oportunidades que perdeu de ter uma vida melhor, e agora ainda é um ladrão!

– Nem sempre as pessoas reconhecem os sacrifícios que muitos fazem a seu favor. Uma vida inteira de dedicação é esquecida, sem piedade daqueles que se sacrificaram e ainda os fazem passar vergonha pelos atos praticados.

– Esse jovem deveria ir parar na prisão para pensar no que recebeu e no que faz!

– Continuemos a ver as imagens que teremos, hoje, o desfecho dessa história, com a revelação de quem são essas pessoas, ou melhor, o reconhecimento seu de quem elas são.

– Então continuemos que estou ansioso para saber!

– Tudo tem sua hora certa, sobretudo quando estamos preparados para aproveitar os momentos vividos que nos são mostrados, como forma de análise e reeducação para novas jornadas terrenas.

Quando o mais velho descobriu o que o irmão fazia, ficou muito aflito e, preocupado, chamou-o à atenção, mostrando-lhe o perigo que corria, a liberdade que poderia perder, falando também do mal que fazia às pessoas que lesava. Às vezes elas possuíam apenas o necessário para a sua manutenção e a da sua família, e sem nada lhes seria muito difícil. Procurou aconselhá-lo, mas ele, rebelde e revelando-se insensível aos apelos do irmão, respondeu-lhe:

– E para mim, está sendo fácil? Sempre vivemos na miséria, a maior parte da caridade alheia e jurei que nunca pediria nada a ninguém!

– Se esse juramento tivesse sido feito com a intenção de nada pedir, mas de trabalhar para ter o necessário, seria louvável, mas não pedir para roubar, é muito vergonhoso, terrível e desumano. Como fica a sua consciência tirando dos outros o que lhes daria o sustento para si e seus familiares depois de tanto trabalho?

– Chega a miséria que passamos a vida toda, agora quero para mim o melhor.

– Que trabalhe para isso! Você já pensou em mamãe, em como está se sentindo, vendo o que você faz?

– Já lhe falei uma vez e repito: Não fale em mamãe! Não me lembro dela e não me preocupo com isso.

– Se a polícia descobrir, você será preso. Com certeza os que estão sendo lesados têm feito queixas e devem estar investigando. Quando tiverem certeza, não o perdoarão e você irá preso.

– Chega de me chamar a atenção! Cuide de sua vida e eu cuido da minha.

– Sabe que me preocupo com você, que o criei com amor e de quem nunca quis me separar!

– Pois deveria ter me dado a alguém que pudesse ter me criado com mais conforto. Hoje eu seria outra pessoa!

– Acusa-me, então, pelo amor que lhe tenho, meu querido irmão, por não tê-lo dado a outra pessoa?

– Já estou cansado deste assunto! Deixe-me em paz e cuide da sua vida!

– Se ficar em paz para você é não ouvir suas próprias culpas, eu o deixarei. Não falarei mais sobre isso, mas lembre-se, você está trilhando um caminho muito perigoso diante dos homens e muito condenável diante de Deus.

O jovem nada mais respondeu e sua vida continuou na mesma, até que foi descoberto e preso, para desgosto e vergonha do irmão.

Quando soube, ele correu para a cadeia ver se podia fazer alguma coisa em favor dele, mas ele já estava preso em uma cela.

Ao vê-lo, o que estava preso chegou-se à grade rogando-lhe:

– Tire-me daqui, tire-me daqui!

– Como posso fazê-lo? Você foi pego em flagrante e não há nada que atenue a sua culpa. A minha parte já fiz advertindo-o e aconselhando-o muitas vezes, mas você não me ouviu. Agora nada posso fazer. Se pudesse, sabe que o faria porque o amo. Você é meu único irmão, cuidei de você desde pequenino e dói-me vê-lo aí! Entretanto, são muitas reclamações, muitas culpas e você terá que pagar pelo que fez. A justiça não o perdoará!

Ouvindo isso, ele voltou para o fundo da cela, gritando:

– Se nada pode fazer por mim por que veio? Apenas para ver-me atrás das grades?

– Não é isso e você sabe! Estou sofrendo também até mais que você, mas infelizmente nada posso fazer.

Começava, para aquele que sempre fora rebelde, uma nova vida. Tempo para refletir em tudo o que havia feito ele teria de sobejo. E, se ao final da pena que lhe imporiam, ele tivesse se modificado um pouco, teria valido a pena. Se não tivesse se modificado e voltasse à sua vida anterior, correria o risco de tornar a ser preso. Dependeria apenas dele o novo rumo que daria à sua vida.

Quanto ao mais velho, continuaria com seu trabalho pesado, mas que o deixava feliz e em paz, porque nada lhe acusava a consciência.

A cena foi fixada na tela, justamente no momento em que o mais velho ainda estava postado junto à grade da cela do irmão e lhe falava.

O que dirigia a atividade, indagou a Thomas:

– Até aqui nada ainda o fez reconhecer quem são esses jovens?

– De que forma eu o faria? Como poderia reconhecê-los se nunca os vi? Pois fale-me, quem são eles e por que me mostram essa história?

– Nós o faremos! Mas antes quero dizer que, de modo geral, sempre nos modificamos em algumas das nossas imperfeições, mas aquele irmão apegado ao mal e teimoso, em certos aspectos não se modificou. Depois daquela encarnação, depois de passar por um período difícil em regiões nada agradáveis, ele preparou-se, estudou, aprendeu, mas o seu espírito ainda guarda um pouco da teimosia, das convicções que ninguém conseguiu modificar em seu íntimo a até do pouco afeto que sempre teve por aquele que o criou com carinho, cuidado, preocupação e amor.

– Pois lhe falei, há pouco, que ele era um ingrato.

– É esse o seu julgamento?

– Como poderia ser diferente?

– Pois temos aí, na tela, diante de nós, os dois irmãos e chegou a hora de você saber quem são eles.

– Espero essa revelação desde o primeiro dia em que aqui estive.

– Você a terá agora. Fixe intensamente o seu olhar nos dois que, por um processo que faremos neste momento, você saberá quem são.

Thomas fez o que lhe recomendaram, e os dois jovens, aos poucos e com bastante vagar, foram se transformando ante seus olhos.

O que estava dentro das grades foi tomando a sua própria aparência, aos olhos espantados de Thomas.

– O que é isso? – gritou ele. – Por que fazem essa brincadeira comigo? Por que me colocam no lugar daquele cujas atitudes sempre condenei? Eu sou eu, ele é ele!

– Não estamos aqui para brincadeiras e dissemos que íamos lhe mostrar quem eles eram. Pois está vendo! O jovem rebelde e ingrato como você mesmo o julgou, é você mesmo.

– Eu não acredito!

– Olhe agora para o outro, o que sempre se sacrificou para cuidar do irmão. Veja quem ele é!

Da mesma forma suas feições foram se modificando e, em poucos instantes ele tinha, à sua frente, o seu filho William.

– Essa é mais uma brincadeira que fazem comigo?

– Já lhe dissemos que não estamos aqui para brincadeiras! O nosso tempo é precioso demais para que o percamos em atividades que nos levem a nada. Tudo o que fazemos tem uma intenção e essa atividade que estamos realizando com você e para você, tem justamente a finalidade de fazê-lo compreender. E se da mesma forma como considerava o jovem desde menino, um ingrato, e passa a considerar-se como tal, reconhecendo o que recebeu e o que fez, não só ao seu irmão daquela época, mas ao seu filho desta sua última existência, já terá valido a pena.

– O que quer dizer?

– Que esse nosso trabalho teve a finalidade de fazê-lo compreender, de reconhecer o quanto foi ingrato com seu filho.

– Eu não sabia!

– Não era necessário que soubesse, mas que o tratasse como qualquer ser humano deseja e precisa ser tratado, ainda mais um pai a um filho que ficava sem a mãe.

– Pois foi por isso mesmo!

– Deixemos os comentários para depois e continuemos a analisar as nossas imagens.

– O que mais temos para ver?

– Queremos fazê-lo não apenas ver-se como aquele jovem mas sentir-se como ele para que nenhuma dúvida reste em seu íntimo de que era mesmo você.

– O que farão?

– Fique atento que você mesmo sentirá!

Da mesma forma como transformaram as imagens, o próprio Thomas, em espírito, ali diante de todos e sentindo-se como Thomas, para que nenhuma dúvida restasse do que lhe estavam mostrando e afirmando, ele passou a se sentir como aquele jovem rebelde a até a sua aparência se modificou.

– Veja Thomas em que se transformou. Veja bem quem é agora, sinta sensações novas e inusitadas para você!

– O que estou fazendo eu aqui, e desse jeito? Eu sou Thomas, mas não sou Thomas. Estou confuso! O que fizeram comigo?

– Apenas o que era preciso para que se convencesse de vez quem é e quem foi. Imagina que o que já viu e sentiu é suficiente para compreender de uma vez o quanto tornou a errar nessa sua última existência?

– Eu não era um ladrão!

– Realmente não o era e nesse aspecto você mudou bastante. Essa existência que lhe foi mostrada ocorreu há muito tempo, e você conseguiu superar aquela imperfeição – pelos anos que ficou preso, pelo que sofreu dentro da prisão que não precisamos mostrar, e pela preparação que fez no mundo espiritual para que voltasse diferente. Entretanto, faltava-lhe resgatar o amor que seu irmão lhe dedicou, os cuidados que lhe dispensou e você mesmo pediu uma oportunidade de fazê-lo em nova existência.

– E eu falhei! Ah, se eu soubesse quem eu havia sido e quem ele era!

– Isso nada justifica! Ao encarnarmos, trazemos adormecido em nós o que pedimos, o que preparamos dentro da nossa programação, e o que nos é permitido saber do que vamos passar, para, no momento certo, de forma intuitiva como algo que nos impele, fazermos o que prometemos.

– E eu não fiz!

– Você não sabia que ele precisaria tanto de você. Mas foi necessário, para outros resgates, que ficasse só com ele e que Stella retornasse ao mundo espiritual. Era a oportunidade de demonstrar para o que era seu filho e havia sido o seu irmão, toda a gratidão que reconheceu, ele merecia. Porém, ao ficar só, voltou-se contra ele e nada fez, agravando ainda mais seus débitos com ele.

– O que farei agora?

– Deus sempre dá novas oportunidades a quem se arrepende e deseja reparar um erro, como já lhe deu, mas pode lhe conceder outras. Vai depender apenas de você, mas isso ainda vai demorar muito tempo. William está na Terra cumprindo a sua programação de vida, e, pelo que sofreu por sua causa, já resgatou muito do que levara, porém, precisa completar sua existência. Por isso não sabemos quando o reencontro será possível.

– E se eu retornasse como filho dele, depois que se casar?

– É muito cedo ainda, você poderá falhar novamente, comprometendo-se mais. Tenha paciência e modifique o seu coração de modo definitivo para poder ter o que deseja.

– Esta atividade encerra-se aqui?

– Como atividade conjunta, da nossa parte, sim! Mas ela deve continuar agora somente com você, nas suas análises e reflexões, para verificar em detalhes a sua atitude desde pequeno, o auxílio que sempre recebeu, o amor que seu irmão, hoje seu filho, sempre lhe dedicou e, com esses elementos, tirar suas próprias conclusões. É pelo conhecimento das nossas faltas que podemos nos modificar, se realmente chegarmos à conclusão de que erramos, de que poderíamos ter agido de modo diferente. Você terá, pelo que viu e pelo que viveu na sua última existência terrena, muitos elementos para reflexão. Aproveite este período que tem todo o tempo à sua disposição para fazê-las, mas sendo verdadeiro, sem querer dar desculpas a si mesmo, que assim não chegará a nada. Aproveite o julgamento que fazia do jovem que viu, quando não sabia de quem se tratava e o receba como se estivesse fazendo a você mesmo, sem desculpas nem máscaras. A sua última existência você a tem toda em sua mente porque foi vivida recentemente, e analise suas atitudes do mesmo modo que fez pensando tratar-se de um desconhecido.

– Posso me retirar agora?

– Antes faremos uma prece de agradecimento a Deus que nos permitiu a realização deste trabalho em seu benefício, e rogaremos também a Ele que o ajude a trabalhar em seu espírito tudo o que viu e viveu, para que as nossas intenções sejam compreendidas por você como um auxílio que lhe prestamos para a sua modificação e, consequentemente, para o seu aprimoramento espiritual.

A prece foi proferida, e, ao final, Thomas, um tanto comovido, retirou-se, encontrando já à porta, à sua espera, Stella.

– Ah, Stella, como foi difícil para mim o dia de hoje! – exclamou ele.

– O que aconteceu?

– Preciso contar-lhe tudo, mas não aqui! Vamos ao nosso passeio e conversaremos.

Os dois dirigiam-se ao jardim, Thomas ia em silêncio, pensativo e ela observava-o, até que chegaram a um local que lhes ofereceria a paz de que necessitavam e um banco que lhes daria condições de conversarem mais bem acomodados.

Ele contou-lhe tudo o que viu, identificando-se como o protagonista daquela história que considerava triste; falou de William mostrando-se arrependido e ingrato, mas desculpando-se por não saber quem ele era, e por ter ficado sozinho com ele quando ela partiu.

– Não tão sozinho, querido! Lembre-se do anjo que teve em sua casa e que tomou a si cuidar do nosso filho, porque você o desprezava. É compreensível que a tivesse porque alguém precisava cuidar da casa e do bebê, que não deviam ser atribuições suas. Mas o amor que deveria dedicar a seu filho, esse você nunca poderia ter lhe negado, mesmo sem saber quem ele era, porque a obrigação de um pai é dar ao filho todo o amor e carinho que ele merece, ainda mais quando não tem a presença da mãe.

– Eu sei que falhei e até pedi para voltar junto dele como filho, para reparar meu erro.

– Seria outra atitude impensada, porque, carregando ainda no íntimo os mesmos sentimentos que nutria por ele na sua última existência, você falharia novamente. Ninguém se modifica de uma hora para outra. A modificação é resultado de muita reflexão, do conhecimento das consequências que sua atitude causava, do desejo intenso de se aplicar em atividades enobrecedoras, e isso tudo leva tempo. Se realmente esse desejo de modificação faz parte do seu espírito, você conseguirá, mas se for resultado apenas da emoção pelo que viu, em pouco tempo se desvanecerá, assim como a emoção se desvanece com o tempo e com a mudança de situação.

– Você está sendo cruel comigo!

– Estou sendo realista porque não quero vê-lo em erro novamente. Você ainda traz aquele constrangimento para com William, para não dizer desprezo. Se voltasse junto dele, em pouco tempo esse desprezo afloraria, você lhe levaria mais desgostos e se comprometeria ainda mais.

– Compreendo o que diz, e tem razão. Quando aceitei ou pedi, não sei, para receber William como meu filho, devo ter feito promessas que não cumpri.

– Aproveite tudo o que viu para refletir e fazer análises, pois, cada uma que fizer, examinando todos os ângulos das suas ações, você as irá incorporando ao seu espírito de modo perene, o que o ajudará muito.

– Preciso muito da sua ajuda.

– Você a tem tido e terá sempre. Eu o ajudarei sempre que me for permitido. Sabe que o amo muito, apesar de não ter concordado com o que fez ao nosso filho.

– Muitas vezes você tentou abrir-me os olhos, desejando modificar-me e eu sempre recusei atendê-la.

– Empenhei-me para ajudá-lo ajudando o nosso filho, mas meus esforços e o daqueles que me acompanharam foram sempre inúteis. Se, porém, agora, reconhecer que agiu mal, já é alguma coisa.

– Eu preciso redimir-me, Stella, junto de meu filho.

– Um dia você o fará. Quando o momento chegar, você o fará!

– De que forma?

– Não se preocupe com isso, agora, mas com as cenas que viu. Repasse-as todas em sua mente, reviva-as com intensidade penetrando em cada uma, como se as estivesse vivendo ainda, a fim de senti-las em toda a sua plenitude, e fazer depois, as reflexões acerca do que sentiu, do que viveu. A cada uma que reviver, agora que reconheceu que errou, mais benéfico lhe será. Não perca tempo. O tempo é sempre muito precioso e devemos aproveitá-lo plenamente em nosso favor. Quanto mais depressa fizer o que lhe foi recomendado, mais condições terá de se reequilibrar, depois, através do estudo e da vontade de aprimorar-se para redimir-se.

– Quanto tempo levarei nessa atividade de reflexão que só a mim pertence?

– Só você mesmo poderá dar essa resposta! Irá depender do seu empenho, da sua dedicação, da sua sinceridade ao realizá-la.

– Irei esforçar-me!

– Vou deixá-lo, para que comece agora mesmo. A

minha presença pouco lhe valerá. Quando precisar conversar, fazer algum comentário, expor algum sentimento, estarei pronta a ouvi-lo. Estarei orando sempre, para que essa nova fase que começa para você lhe seja realmente benéfica. Fique na paz de Deus.

Stella retirou-se e Thomas permaneceu no mesmo lugar, pensando, rememorando as cenas visualizadas, agora com outro objetivo. Muito tempo ele ali permaneceu e, quando entrou, procurou descansar. Estava triste e decepcionado consigo mesmo.

O que haviam promovido para ele, com a intenção de que se modificasse, parece que estava começando a dar algum fruto.

Ainda era muito cedo para afirmarmos que ele mudara porque apenas o tempo mostraria, mas estava caminhando para isso. Do momento em que reconhecemos que erramos, que deixamos de ser radicais em nossos julgamentos e atitudes, alguma esperança começa a brotar no coração dos que tanto se empenharam.

Eles deixariam Thomas entregue a si mesmo, porque assim era necessário naquela fase da sua recuperação, mas só aparentemente porque estavam atentos. Precisavam saber como ele estava se conduzindo, o que fazia, para depois, ao final, quando se reencontrassem novamente para uma avaliação do que fora feito e conseguido, a realizassem com bons resultados.

| 17 |

UM TESTE FUNDAMENTAL

ALGUNS DIAS ELE PASSOU assim, só, refletindo, recriminando-se a si próprio pela oportunidade perdida, e acabou por procurar Stella.

– Ando cansado, Stella! Preciso da sua companhia, da sua palavra amiga de incentivo, para que eu possa continuar. Não sei mais quanto tempo me darão, mas já fiz o que me pediram, muitas vezes.

– E o que concluiu de cada vez? Como se considera agora, e como se considerava no início?

– Não entendo a sua pergunta!

– Quero saber se se sente modificado desde que começou essa sua atividade, ou se é o mesmo ainda. O que mudou dentro de você? Como está o nosso William no seu coração?

– Reconheço que errei, que perdi oportunidade, mas isso eu já o havia feito desde o início. Todas essas lembranças têm sido um tormento para mim. Gostaria de fazer algum trabalho, mudar o meu pensamento, ocupá-lo com outros interesses.

– Quem pode avaliar se já pode realizar algum trabalho, encerrando essa sua atividade, não serei eu e sim aqueles que a promoveram. Entretanto, quero adverti-lo de que o que foi mal vivido, se assim posso considerar, depois de reconhecido por nós, permanece na nossa consciência, e só conseguimos retirá-lo quando ficarmos bem conosco mesmos, ressarcindo o que reconhecemos falho em nós.

– Então vai demorar muito para eu ter paz.

– Contudo, se ainda não podemos ressarcir o que fizemos, diretamente com aqueles que prejudicamos, com quem não agimos bem, podemos aliviar o nosso coração trabalhando em favor dos outros. O trabalho nos redime, auxilia-nos a nos sentirmos bem, e isso tudo nos alivia.

– Pois é o que eu quero. O que devo fazer para merecer realizar um trabalho desses, sentindo-me útil?

– Falarei com os que o acompanharam na sua atividade e veremos o que decidirão.

Stella despediu-se prometendo a Thomas que providenciaria o que ele estava desejando e, se fosse considerado merecedor, com certeza lhe seria concedido, porque trabalhadores eram sempre necessários.

Thomas continuou como vinha procedendo e mais alguns dias passaram, até que foi chamado para uma entrevista, justamente com aquele que o acompanhara em todas as visualizações.

Ao se encontrarem no lugar determinado, o seu orientador explicou-lhe:

– Deixamo-lo a sós todo esse tempo, sem nos falarmos, porque assim era necessário, mas hoje vamos avaliar, através da nossa conversa, o quanto esses dias lhe foram benéficos.

– De que forma o fará, irmão?

– Vamos apenas conversar! Fale-me, como se sentiu durante estes dias, como desenvolveu o que recomendamos e como está o seu íntimo?

– Vou começar pela última pergunta que talvez já responda todas as outras. Não me sinto bem, tenho uma sensação muito desagradável em mim.

– Resultante de quê?

– Das reflexões que fiz, conforme me aconselhou.

– E a que conclusão chegou?

– A de que errei em relação a William, mas não sabia quem ele era. Se tivesse sabido de toda aquela história, teria sido diferente.

– É esse o seu pensamento?

– É o que penso!

– Pois lhe digo que antes de encarnar você tomou conhecimento de tudo o que lhe mostramos, porque era necessário que recebesse o que fora seu irmão para dispensar-lhe, em carinho e atenções, um pouco do que ele lhe proporcionara, e pela ingratidão que você lhe fizera. Você não tinha conhecimento, mas nós sabíamos que Stella não permaneceria muito tempo na Terra; apenas o suficiente para que aquele espírito fosse levado à sua casa e lá renascesse, a fim de que você cumprisse o que estava preparado, e com o qual concordara. Era a sua oportunidade de ressarcir aqueles compromissos, liberando-se também, de outros débitos que levava, pela dedicação e amor que lhe devotasse.

– E eu falhei!

– Por isso sente-se mal agora, arrependido e desgostoso.

– Como reparar o mal que fiz?

– Você já teve oportunidade de reparar aquele mal e falhou.

– Gostaria de tentar novamente!

– Muito tempo ainda deverá passar até que tenha outra oportunidade como aquela. O que hoje é William não merece sofrer novamente.

– Estou arrependido!

– Antes também estava e não levava a mágoa de achar que ele fora o culpado pela morte de sua esposa. Sua situação diante dele, agora, complicou-se ainda mais. O seu desprezo por ele é muito recente; retornaria todo se tivessem nova convivência, e poderia magoá-lo ainda mais.

– Então não tem solução para mim?

– Continue a manter vivos em sua mente todos os atos praticados, toda a vida que lhe mostramos e a que viveu recentemente, que a sua modificação efetiva vai depender apenas de você mesmo.

– Eu ainda não mereço confiança?

– Não se trata disso, mas precisamos cuidar para que não se comprometa mais e nem faça William sofrer.

– Lembrei-me agora de que Stella esteve em meu lar diversas vezes para fazer-me aceitar meu filho.

– E você sempre recusou!

– Falo disso apenas porque sei que temos a possibilidade de retornar nos mesmos meios em que estivemos enquanto encarnados.

– E o que tem em mente?

– Se assim é possível, permita-me, pelo menos, que eu retorne para um encontro com William quando se libertar pelo sono do corpo físico, para que eu lhe peça perdão.

– Você o faria de coração?

– Se não o fosse, não lhe pediria. Quero humilhar-me diante dele, mostrar o meu arrependimento para estar bem comigo mesmo. Depois, se tiver permissão de um dia ter nova existência junto dele eu já levo o coração mais tranquilo e terei mais oportunidade de me sair bem. Por Deus, conceda-me essa graça!

– Considero uma ideia que poderá ser estudada, mas a resposta não dependerá apenas de mim. Prometo que vou consultar os meus superiores e lhe trarei a resposta assim que a tiver.

– Agradeço-lhe muito, mas há também outro pedido que desejo lhe fazer; se tiver que ser levado ao seu superior, o senhor o levará também.

– Pois fale, do que se trata?

– Há tempos sinto-me inútil, tenho sofrido com essa atividade que venho desenvolvendo e gostaria de executar alguma tarefa em favor de alguém. Não sei se já me faço merecedor, mas me ajudaria bastante. Sentindo-me útil, eu estaria melhor e também levaria minha parcela de auxílio dentro do que me determinassem fazer.

– Prometo que levarei esse pedido também, e, quando tiver a resposta, eu o procurarei. Entretanto, enquanto não a tiver, continue na sua atividade. Faça suas reflexões, que elas só lhe farão bem. Leia também, que a leitura é sempre um bem muito grande ao nosso espírito, sobretudo pelos livros que temos, todos com instruções evangélicas e exemplos de vida que enobrecem.

Com esse aconselhamento Thomas foi dispensado para recomeçar a sua atividade, a que já o entediava, porque a considerava, por ser um trabalho mental de análises e reflexões, aborrecida.

Já estava cansado de passar e repassar por todos os fatos que lhe foram mostrados, porque imaginava, o que poderiam fazer por ele, pelo seu modo de agir e pensar, pelos conceitos que poderiam ser modificados em seu espírito, já o haviam feito.

Não se sentia arrependido do que fizera ao filho? Não reconhecera já que fora ingrato e que errara, e não pedira até para reparar seu erro? O que mais quereriam que fizesse com suas reflexões? Por mais pensasse e repensasse, recaía nas mesmas conclusões e nada mais se modificaria.

Depois dessa conversa ele imaginou que logo em seguida teria alguma resposta dos pedidos que fizera, e que algum outro rumo poderia ser dado em sua vida, pelas próprias conclusões a que o orientador chegara, mas já havia passado muitos dias e nenhuma resposta lhe chegava.

Contara a Stella o que se passara, o que conversaram, o que pedira e aguardava.

Conhecedora de que no mundo espiritual não há pressa, de que nenhuma resolução é tomada senão depois de analisado tudo o que a envolve com as possíveis consequências que pode ocasionar, para que sempre os direcionamentos sejam efetuados tendo-se em vista os melhores resultados, ela fazia-o entender que deveria esperar em paz, sem prejuízo da atividade que realizava.

Depois de passar um tempo que Thomas estava considerando longo demais, ele foi novamente chamado.

Com olhos interrogativos e ansiosos, deparou-se com o seu orientador e ouviu-o dizer:

– Trago para o senhor alguma solução para o que me pediu.

– Estou ansioso! O que farei?

– Ouça-me com atenção! Se se lembra, o senhor encarregou-me de levar aos meus superiores dois pedidos.

– Sim, lembro-me bem! Desejo uma entrevista com meu filho para lhe pedir perdão e desejo também realizar alguma atividade para sentir-me útil.

– Pois bem! Vamos começar por esta última, pela atividade que pediu para realizar.

– O que me determinaram para fazer?

– Depois de estudadas as suas possibilidades, as suas falhas e o seu desejo de ser útil, uma atividade foi-lhe proposta. Se concordar em realizá-la, lhe fará muito bem e ajudará a enternecer o seu coração.

– Ainda não confiam em mim?

– Se não confiassem não lhe atribuiriam uma tarefa, mas por ela poderão também avaliar a sua modificação, porque lhe afirmo: Somente depois que estiver bem integrado nessa atividade, e que a estiver realizando com dedicação e muito amor, é que terá autorização para realizar o seu segundo pedido. Se não se sair bem, será retirado dela logo em seguida, porque aqueles com os quais irá trabalhar não poderão sofrer, caso a sua irritação, a sua insensibilidade emergirem do seu coração. Para o que vai realizar é preciso muita afabilidade, muita dedicação, muito amor e carinho.

– O que devo fazer que exige tantas qualidades assim?

– Um trabalho muito sublime de amor que só lhe foi dado justamente para a sua avaliação.

– O que quer dizer?

– Se realmente está arrependido do que fez ao seu filho, se realmente se modificou, o senhor se sairá muito bem. O seu trabalho será sempre vigiado, mas sabemos o que é feito com o coração e o que é feito apenas com um interesse determinado, porque ninguém consegue fingir por muito tempo. Uma hora ou outra, quando menos se espera, revela seus verdadeiros sentimentos.

– Está me deixando muito curioso e até um pouco amedrontado. Que trabalho é esse que devo realizar?

– Eu explicarei: – Pelo seu passado, não só desta sua

última existência como da que visualizou, o senhor irá desenvolver um trabalho com nossas crianças.

– Com crianças? – indagou surpreso.

– Sim, com crianças! É com elas que irá demonstrar os seus verdadeiros sentimentos. Se não soube ter nenhum sentimento nobre para com seu filho, se não soube reconhecer o que seu irmão lhe fazia, uma criança ainda que muito se sacrificou por sua causa, é com crianças que irá trabalhar para aprender a amá-las; e elas, aqui, são muito carentes de amor.

– Eu não saberei o que fazer com elas!

– Para que não alegue desconhecimento, nem demonstre insegurança do que deve fazer, o senhor passará por um período como observador junto daqueles que com elas convivem, até que se sinta preparado para ajudá-las efetivamente, sem fazê-las sofrer, mas sempre cuidando, com muito carinho, para que elas se sintam bem. Lembre-se de sua esposa que o deixou, deixando também o filhinho, causando-lhe muito sofrimento. Pois bem, as crianças, quando deixam a Terra e chegam conosco, precisam de muito carinho e amor para se readaptarem ao mundo espiritual.

– Esse trabalho é de muita responsabilidade!

– Para quem realmente deseja trabalhar, não há atividades de maior ou menor responsabilidade, mas atividades que devem ser desempenhadas com amor. Somente a capacidade de amar é que revela os verdadeiros sentimentos.

– Eu tentarei! Quando devo começar e onde estão essas crianças que nunca as vi aqui?

– Temos um departamento só para elas, totalmente separado deste aqui e eu o levarei lá, amanhã pela manhã.

– Agora que está determinada a minha tarefa que espero realizar da melhor forma possível, eu pergunto: – E meu outro pedido, o que me levará junto do meu filho para que lhe peça perdão?

– Essa permissão só lhe será dada conforme se sair na sua atividade. É através dela que o senhor demonstrará se está preparado para pedir perdão ao seu filho, aquele perdão que nasce do mais profundo do coração e revela sinceridade.

– Então um vai depender do outro?

– Justamente! Por isso iniciei minha explicação por essa parte. Dependendo do amor que colocará na realização do seu trabalho, é que lhe será concedido seu outro pedido.

– Esforçar-me-ei de tal forma que conseguirei.

– Assim esperamos, mas que esse esforço seja acompanhado da sua modificação, e que o amor que demonstrar seja a revelação do que traz no coração. Espere-me, pois, amanhã pela manhã, e vá se preparando mentalmente para o que irá realizar.

Thomas ficou preocupado. Não tinha certeza de que se sairia bem. Se fracassara com o filho que deveria amar, como se sairia bem com outras crianças que nada lhe diziam ao coração?

Ao mesmo tempo em que fazia esses raciocínios, imaginava que seria melhor. Não conhecia as crianças e seria muito mais fácil tratá-las com amor, porque não trazia nenhuma mágoa contra nenhuma delas, como trazia contra o filho.

Afinal a manhã chegou e, mesmo preocupado, em companhia do orientador, ele chegou ao seu local de trabalho.

O departamento que acolhia as crianças era completamente diferente do dos adultos. Até os jardins eram diferentes, mais apropriados a elas, para que se reunissem em pequenos grupos e brincassem, sempre monitoradas por um irmão ou irmã abnegada que lhes dava muito carinho e as aconchegava, quando percebia a menor sombra de tristeza em seus rostinhos. Conversavam bastante com elas, explicavam-lhes o porquê de estarem ali, separadas dos pais, e elas iam se habituando, porque, amor, não lhes faltava. Elas sentiam-se bem e, quando totalmente refeitas, equilibradas e preparadas, eram levadas a outro departamento. Lá iam retomando e incorporando aos seus espíritos, lembranças de um passado que as iam transformando em adultos prontos para novas jornadas terrenas, depois que passassem por um período de estudos, atividades e novamente a preparação para o retorno.

Essa transformação era necessária para que elas, aos poucos, fossem perdendo a identidade de crianças a fim de melhor compreenderem a finalidade do espírito e a bênção das reencarnações, e seguissem sua vida de espíritos imortais, sempre prontos a se aprimorarem e a progredirem, rumo a Deus.

Mas, antes que tudo isso fosse possível, era necessário aquele período primeiro do qual Thomas faria parte, a fim de que ele também enternecesse o coração e aprendesse a amá-las, não importando quem eram ou quem haviam sido, mas lhes dedicasse o amor que deve ser próprio de uma criatura para com outra, conforme nos prescreveu Jesus.

Thomas foi levado ao responsável por aquele departamento, e deparou-se com uma irmã de aspecto sereno, bondoso e maternal, que lhe falou como somente as mães o sabem fazer.

– Meu querido irmão, é uma alegria para nós, recebê-lo em nosso departamento para um novo aprendizado. Aqui o trabalho é realizado com muito amor, e o nosso coração recebe cada criança que chega, como se um novo filho nos chegasse aos braços, com a diferença que a essas mais amor ainda precisamos dedicar, porque acabam de deixar a Terra onde ficaram os entes queridos que delas cuidavam, sobretudo as mães. E nós devemos suprir, para elas que chegam, o carinho que vai lhes faltar. É um trabalho abnegado, muito benéfico e terno aos olhos de Deus, mas se faz muito benéfico a nós também, que aprendemos com elas a ternura, a dedicação, o amparo constante para que se sintam protegidas e amadas.

– Compreendo, irmã, e temo não conseguir realizá-lo, porque aqui estou também para um aprendizado.

– Tudo o que realizamos, se o fazemos com responsabilidade e com o real desejo de sermos úteis, sempre é um aprendizado para nós.

– O que deverei fazer?

– Deve lhe ter sido explicado, já que, de início, fará

apenas observações para ver como o trabalho aqui se realiza. Temos muitas das nossas crianças ainda acamadas, aquelas recém-chegadas, que trouxeram da Terra os sintomas da enfermidade que foram causa da sua vinda, e que precisam refazer-se. Por isso, necessitam de mais carinho ainda que as outras. É justamente entre essas que ficará, observará o que fazem, mas nada impede que, diante de uma necessidade maior, o senhor vá auxiliando dentro do que lhe for possível, até que possa ter a responsabilidade total de uma tarefa entre elas.

Thomas já vinha preocupado, mas jamais pensou que houvesse um departamento assim com uma dependência onde as crianças mais necessitadas ficassem abrigadas. Diante da tarefa que lhe foi atribuída, a sua preocupação foi maior, mas prometia a si mesmo esforçar-se para fazer o melhor e expressou para a irmã que lhe passara a sua atividade, essa disposição.

Depois de todas as explicações, ele foi dispensado e levado diretamente ao local onde estagiaria. Uma espécie de enfermaria onde as crianças mais necessitadas estavam recolhidas para o seu refazimento, e foi apresentado àqueles que lá se dedicavam a elas.

Um deles, o que se encarregaria mais diretamente de orientá-lo, depois de algumas palavras de força e estímulo, convidou-o para visitar o local.

O salão era grande, abrigando um número considerável de leitos.

Conduzido entre eles, Thomas foi observando as crianças deitadas. Separadas em grupos, havia aquelas que ainda dormiam profundamente o sono do refazimento, outras já despertas, porém sem condições de se levantar, e outras mais alegrinhas e bem dispostas, pois já haviam passado pelas fases anteriores, mas ainda não podiam deixar a enfermaria porque precisavam de uma assistência mais direcionada às suas necessidades.

Estas deixavam o leito por pouco tempo; muitas vezes levadas no colo pelos auxiliares, chegavam até à porta, vislumbravam o sol aquecedor e brilhante, mas logo eram trazidas de volta, com palavras de esperança de que logo o deixariam de vez.

Thomas ia observando atento às explicações e informações que lhe eram passadas, e, ao final, depois de percorrer todo o local, o auxiliar indagou:

– Então, o que me diz do que observou?

– Não sei se digo que é um local triste ou de muitas esperanças.

– A esperança, aqui, sempre faz parte do íntimo de cada um de nós e a transmitimos às crianças em palavras de estímulo e força, porque aqui não deve haver tristezas. É um local transitório e necessário para que elas, depois, possam readquirir o bem-estar e a alegria que é própria das crianças. Por isso o carinho para com elas, aqui, é regra geral e primeira. Em nenhum momento admitimos tristezas, e aquelas que estão despertas, mas não podem ser dispensadas ainda, têm a nossa assistência constante.

– O que eu farei entre elas?

– O senhor deve ter visto que temos serviços variados dentro das necessidades que cada uma apresenta. Pois vá observando, como lhe foi recomendado, aproxime-se da que lhe tocar mais o coração, com desejos de auxiliar, que logo o senhor mesmo se imporá uma tarefa junto do local com o qual se afinizar mais.

– Eu o farei, e até já sei onde me darei melhor, mas ainda devo observar mais. Entretanto, enquanto observo, posso caminhar entre os leitos, deter-me mais diante de um ou de outro, dizer umas palavras a algumas delas?

– Com certeza! É assim que deve proceder para que num tempo muito curto o senhor já esteja totalmente integrado na sua tarefa.

Thomas estava comovido entre os leitos das crianças, mas verificava o amor com que eram cuidadas, as palavras e os gestos de carinho que lhes eram dispensados, e concluiu que, se todas as mães que tiveram os filhos levados de seus braços, soubessem que era dessa forma que estavam sendo cuidados, elas ficariam tranquilas.

As horas iam transcorrendo e Thomas fazendo o que lhe fora recomendado, até que se completou o tempo em que deveria permanecer entre as crianças. Outra equipe tomaria o trabalho, sempre num revezar para que a atividade fosse bem desenvolvida, sem solução de continuidade, porque a assistência entre as crianças deveria ser contínua.

Assim que deixou a enfermaria procurou Stella que não pôde atendê-lo prontamente, mas prometeu que assim que se desobrigasse iria ao seu encontro.

De fato, depois de algum tempo foi ter com ele, ansiosa para saber a sua opinião sobre a tarefa que haviam lhe dado e como se saíra no seu primeiro dia.

– Fiquei comovido entre aquelas crianças, Stella! Cada uma é cuidada com tanto carinho como se fosse a própria mãe ali entre elas.

– Muitas mães são trazidas, durante o sono do corpo físico, para visitá-las, não só as que se encontram na enfermaria, mas as que já estão liberadas dela. Elas veem como os filhos são tratados, como estão bem e se tranquilizam. É um bálsamo para cada uma delas conviver algumas horas com os filhos.

– E elas se recordam disso ao despertar?

– Não com detalhes, pois não devem levar em sua lembrança a visão dos locais onde elas vivem, mas guardam a sensação de que "sonharam" com os filhos, estiveram com eles, os viram felizes, e isso para elas é um estímulo para que continuem vivendo sem tantas preocupações nem tantas saudades.

– Isto, então, lhes faz bem?

– É a força de que precisam para continuarem vivendo sem desesperos e sem revoltas.

Através de Stella mais informações Thomas recebia, e as ia incorporando ao seu espírito para melhor compreender o trabalho que realizaria.

Continuando a conversar, Stella perguntou-lhe:

– O que tem a me dizer do seu íntimo? Você falou-me do que viu, mas eu quero saber qual a influência de tudo o que viveu lá dentro. Você disse que ficara comovido, mas até que ponto a sua comoção pode modificar seus próprios conceitos, sobretudo em relação a nosso filho?

– Eu mal comecei e você já vem com essa pergunta?

– Justamente para que você vá trabalhando o seu íntimo em relação ao objetivo primeiro de lá estar.

– É muito cedo ainda!

– Analisemos o seguinte: Você disse que ficou comovido ao ver aquelas crianças, e eu me lembro do nosso próprio filho, quando eu parti. A situação dele era pior do que a que enfrentam essas crianças agora. Elas não estão com os pais, mas podem, se Deus permitir, receber a visita deles para o conforto de ambas as partes. São tratadas com muito amor, e em nenhum momento sentiram no seu coração o que é o desprezo de ninguém. Imagine agora você, como não se sentiu nosso filho a sua vida toda enquanto você lá permaneceu, pelo desprezo que sempre lhe dispensou? Lembre-se de quantas vezes lá estive tentando convencê-lo e estimulá-lo a que se modificasse, e você sempre se manteve irredutível.

– Você não deveria ter tocado nesse ponto!

– Pois se é justamente por causa dele e para poder dulcificar o seu coração, que você se encontra junto das crianças! Como não tocar nesse assunto? Ele é a causa de tudo! O que você não aceitou pelo meu empenho, agora tem que enfrentar e se empenhar por si mesmo.

– Agora a situação é diferente! Tenho conhecimento de quem fui, de como fui, de quem foi William e o que ele fez por mim.

– Se todo esse conhecimento conjugado à atividade

que deve realizar, servir para a sua modificação, o objetivo maior para o seu crescimento estará atingido.

– Vou me esforçar porque do sucesso desse meu trabalho vai depender a autorização para o pedido que fiz.

– E eu posso saber qual é?

– Desejo retornar para pedir perdão a William. Se me sair bem, serei atendido, aí estarei em paz comigo mesmo.

– Isto quer dizer que você não está em paz?

– Depois que tomei conhecimento daquela história, a minha paz ficou abalada e eu devo a William um pedido de perdão. Se ele conseguir me perdoar, poderei continuar a minha vida aqui até que me seja permitido retornar novamente.

– Fico feliz que assim pense. O que lhe estão promovendo está dando certo.

Mais algum tempo ainda os dois permaneceram conversando, mas depois Stella considerou que Thomas deveria descansar para retomar sua atividade no dia seguinte, e aconselhou-o a que se recolhesse, não sem antes recomendar-lhe:

– Meu querido Thomas, você está tendo uma oportunidade ímpar. Por isso, pela bondade de Deus que lhe concedeu essa tarefa, você deve aproveitá-la em tudo o que ela lhe oferece. Não fique apenas no que deve realizar como obrigação, mas vá além. Observe, mas faça, faça muito, tudo o que puder auxiliar as crianças. Dispense-lhes muito amor para que elas se sintam felizes, que mais feliz se sentirá você. Toda a vez que praticamos

MEU FILHO | 283

alguma ação meritória em favor de alguém, as bênçãos de Deus recaem sobre nós em forma de alegria interior e de paz, e é disso que você está precisando. Se quiser ter essas sensações, dedique-se muito, que o retorno lhe virá em bênçãos de paz. Agora vá para o seu repouso.

Thomas partiu levando as palavras de Stella, e sobre elas refletiu bastante.

Na manhã seguinte levantou-se com nova disposição de ânimo e dirigiu-se à enfermaria infantil levando no coração o firme desejo de servir.

De fato, ele teria que observar para ver onde poderia ser útil. Os que estavam em atividade ofereciam seus préstimos, e como ele ainda não tinha a sua própria tarefa, acompanhava os outros e sempre auxiliava.

Quando nada tinha a fazer, aproximava-se dos leitos daquelas que sentia, estavam mais carentes e levava-lhes o seu carinho, e até alguma brincadeira fazia para ver o sorriso nos seus rostinhos.

Dessa forma os dias iam passando e ele dedicando-se cada vez mais, até que, tão integrado estava naquela sua atividade e tão útil estava sendo, que foi chamado para que tivesse a sua própria tarefa.

À medida que ele observava e auxiliava conforme fora recomendado, também era observado para verificarem onde se saía melhor, por isso, depois de alguns dias, foi designado para permanecer junto daqueles que haviam passado pelas primeiras fases e estavam quase prontos para serem liberados da enfermaria. O seu trabalho era justamente prepará-los para que fossem integrados aos outros que já estavam libertos dos sintomas trazidos da Terra, e viviam em uma outra dependência daquele departamento.

Quando uma criança já estava pronta para se mudar, ele ficava muito tempo com ela, conversava, fazia brincadeiras e até levava-a para conviver um pouco com seus futuros companheiros e participar das brincadeiras, dos jogos, dos passeios e dos cantos com os quais elas passavam seu tempo, até que se sentisse segura para permanecer de vez, passando a receber o carinho de outras mãos abnegadas e tendo a companhia alegre das crianças que já estavam totalmente equilibradas e saudáveis.

Cada uma que ele deixava de vez, era uma alegria, mas, ao mesmo tempo, tristeza, porque não estaria mais ligado a ela diretamente, embora pudesse vê-la sempre junto das crianças quando levava outra para o treinamento.

| 18 |

O PERDÃO

THOMAS FOI SE DEDICANDO a esse trabalho, o tempo foi passando e ele, sempre que havia oportunidade ou mesmo esforçando-se para que ela surgisse, perguntava quando se fazia merecedor de retornar à Terra para o encontro tão esperado com o filho.

– Ainda é cedo! – exclamavam em resposta. – O senhor vem progredindo bastante e o momento chegará, mas para que ele seja aproveitado em toda a sua plenitude e tenha resultado definitivo e não passageiro, deve esperar um pouco ainda.

Ele continuava, mas depois de algum tempo tornava a perguntar, até que um dia foi chamado para uma entrevista com o mentor da Colônia, frente ao qual nunca estivera.

Em princípio ele assustou-se, mas Stella, que lhe levara o recado, tranquilizou-o dizendo que o mentor desejava falar com os dois. Que ele ficasse sereno pois ela estaria em sua companhia.

A entrevista seria no final da tarde quando ambos encerrassem suas atividades.

Um tanto constrangido, mas seguro pela presença de Stella, eles partiram para atender ao pedido que lhes fora feito.

Já eram esperados e foram recebidos com cordialidade fraterna e convidados a se assentarem diante dele.

– Sempre é um prazer conversar com nossos irmãos, internos nesta Colônia e auxiliares dedicados nas nossas atividades.

Stella, desejando também expressar a sua alegria em estar em presença de tão sublime criatura, respondeu:

– A alegria, irmão, é nossa de poder compartilhar, por um pouco que seja, com o senhor, a quem respeitamos e cujas ordens, acatamos com amor, porque sabemos, todas são para o nosso próprio bem.

– Aqui não damos ordens, mas conselhos e direcionamentos, os que são adequados às necessidades de cada um.

– Para nós, porém, que entendemos a intenção mais profunda de cada um, os recebemos como ordens e nos esforçamos para cumpri-las da melhor forma que nos é possível.

– Pois bem, mandei chamá-los porque tenho para vocês, não uma ordem nem um direcionamento, mas uma autorização a dar a nosso irmão Thomas, da qual a senhora também fará parte.

Calado até aquele instante, Thomas, feliz com a surpresa, exclamou, indagando:

– Posso visitar meu filho!?

– Foi para isso que mandei chamá-lo! Tenho tido notícias de como vem se portando no desempenho do seu trabalho, do bem que tem feito às crianças sob sua responsabilidade e compreendemos que já merece ter o que tanto tem solicitado.

Antes que ele respondesse, Stella tornou:

– Pelo que compreendi, devo acompanhá-lo!

– Sim, irmã! A sua companhia será muito importante não só junto de Thomas, mas junto de seu filho. Estamos confiando na modificação desse nosso irmão, mas como não podemos prever o que poderá acontecer, a senhora os ajudará a ambos e também terá a alegria de ver seu filho.

– Fico-lhe muito grata! Ajudarei no que me for possível, mas estou confiando em Thomas. Eu o conheço bem, tantas vezes me empenhei para que aceitasse o filho e nunca consegui. Agora, porém, como esse pedido partiu dele próprio por compreender o quanto errou, acredito que esse encontro será benéfico aos dois.

– E se o meu filho não me perdoar? – indagou Thomas.

– É um risco que deve correr, depois de tudo o que fez, mas acredito que ele o entenderá, sobretudo pela vida que está vivendo agora.

– O que quer dizer com isso, irmão? – indagou Stella.

– É uma surpresa que lhes reservamos!

– Quando podemos partir e quanto podemos permanecer lá?

– Quanto à partida deixo para que ambos decidam sozinhos, sem que haja prejuízos para as atividades que desenvolvem. Em relação à permanência que terão lá,

lhes darei dois dias. Terão duas noites para o reencontro que tanto Thomas deseja, e, durante o dia, poderão se regozijar com a companhia dos que encontrarão lá.
– Quem encontraremos?
– Nada devo adiantar! As boas notícias sempre nos trazem mais alegrias como surpresas.
– Então teremos uma surpresa boa?
– Se não o fosse, não os deixaria ir sem estarem prevenidos.
– Está bem, irmão! Se não tem mais nenhuma recomendação a nos fazer, vamos nos retirar para o nosso repouso e pensarmos na melhor ocasião de partir.
– Por mim estão liberados e podem ir quando lhes aprouver.
– Iremos o mais rápido que pudermos, para que meu Espírito se apazigue de remorsos! – expressou-se Thomas.
Os dois retiraram-se da presença do mentor, e o que Thomas sentia antes em ansiedade e desejo de logo estar em presença do filho, se transformara em receio.
Vendo-o tão preocupado, Stella falou-lhe, advertindo-o:
– Não era o que tanto esperava? Por que agora a preocupação?
– Por que não sei como serei recebido e tenho medo de ter uma decepção.
– Você diz isso porque não conhece William, e sabe por quê!

MEU FILHO | 289

DURANTE OS DIAS QUE antecederam a ida deles à Terra, Thomas não teve outro pensamento. Preparou-se mentalmente para o encontro com o filho, orou muito pedindo a Deus que o auxiliasse a ser bem-sucedido, mas pensou muito na possibilidade de não obter o seu perdão.

Se assim ocorresse, pensava ele, William tinha razão. Sofrera o seu desprezo e não era agora porque surgiria a sua frente pedindo perdão que ele deveria conceder-lhe. Todavia, esperara bastante por aquele momento, teria de enfrentá-lo fosse qual fosse o resultado.

Stella fez-lhe companhia nesses dias, orientando-o como deveria proceder para preparar-se, dando-lhe coragem e estimulando-o, mas também preparando-o caso não conseguisse o que tanto desejava. Ela não acreditava que William pudesse negar o perdão ao pai que humildemente lho pediria, mas precisavam partir pensando também nessa possibilidade.

Ninguém mais os acompanharia. Stella sabia como proceder para ir à Terra, e tratava-se de uma situação extremamente familiar. Ela orientaria Thomas e chegariam em paz, sem maiores problemas.

Quando Stella entendeu que estavam preparados, a viagem foi empreendida.

Ao chegarem, o dia estava fechando suas claridades, e as névoas da noite em pouco tempo se estenderiam sobre a Terra, facilitando-lhes a tarefa que haviam ido realizar.

Entrando na casa, tiveram uma surpresa. Uma criança brincava na sala aos cuidados de uma bela jovem a quem ela chamava de mamãe.

Um olhou para o outro, ao mesmo tempo em que Thomas perguntou a Stella:

– Será que nosso filho não mora mais aqui? Quem são essa moça e a criança?

– Imagino que seja a surpresa que o mentor disse que teríamos.

– Onde estará William?

– Não deve ter voltado do trabalho! Aguardemos mais um pouco.

Enquanto esperavam, Stella foi à cozinha para ver se ainda encontrava Ellen, e, de fato, lá estava ela, mais envelhecida, mas muito forte ainda, preparando o jantar.

Stella aproximou-se, deu-lhe um beijo. Ela parou o que fazia e ficou pensando no que poderia ter sido aquela sensação tão agradável que a envolvera.

Deixando a cozinha, ela voltou à sala e surpreendeu o filho entrando em casa.

Ele beijou a jovem, e, tirando o paletó, colocou-se ao chão para brincar com a criança, que o recebeu feliz.

– William casou-se! – exclamou Thomas. – Essa criança é seu filho!

– Nosso neto, querido! Veja que cena mais bonita! Veja o carinho com que brinca com seu filhinho!

– Era assim que deveria ter sido se você tivesse permanecido ao meu lado, mas tudo saiu contrário às minhas esperanças.

– Mesmo que a vida não seja aquela que esperamos, a

que gostaríamos de viver, sobretudo quando é levado de nós um ente muito querido, temos que nos adaptar à nova situação. Mesmo com tristeza, com o coração sangrando de dor, temos que continuar vivendo, ainda mais quando há outros que dependem de nós, principalmente quando esse alguém é uma criança que acabou de perder a mãe.

– Não me lembre mais disso, Stella!

– Eu não preciso lembrá-lo de nada, que você traz na própria consciência o que fez.

– Pedirei perdão a William e ficarei bem comigo mesmo. Ele me perdoará!

As horas passaram e o repouso chegou.

Thomas tomou assento na mesma poltrona em que gostava de ficar enquanto encarnado e esperou em preces.

Stella fazia-lhe companhia e ambos aguardavam o momento em que William deixasse o corpo e chegasse à sala. Ela se propusera a se apresentar a ele em primeiro lugar e para isso foi esperá-lo à porta de seu quarto.

Logo ele surgiu, surpreendendo-se:

– A senhora aqui, mamãe? Há quanto tempo não nos vemos!

– De fato, filho, não tenho podido vir, mas estou sempre com o pensamento ligado a você, mas hoje, ao chegar, tive uma surpresa que me deixou muito feliz!

– Sei o que é! Casei-me com uma jovem que amo e que também me ama, e já temos um filhinho.

– Fiquei feliz ao vê-lo chegar e pôr-se ao chão para brincar com ele.

– Pretendo criar meu filho com muito amor. Não quero que ele sofra o que eu sofri por causa de papai.

– A situação era outra, filho. Se eu também tivesse podido ficar com você, tudo teria sido diferente. Mas quero lhe dizer que não vim só. Seu pai veio comigo. Ele tem sofrido muito desde que reconheceu o mal que lhe fez, e só terá paz depois que lhe pedir perdão.

– Onde ele está?

– Na sala, sentado na sua antiga poltrona, orando para que você lhe conceda o perdão que deseja pedir-lhe.

– Vamos até ele!

Chegando em frente ao pai que, de olhos fechados, orava, William chamou-o:

– Papai!

Thomas abriu os olhos, e, deparando-se com o filho, começou a chorar.

– Este é um momento de alegria, papai! Por que as lágrimas?

– Tenho sofrido muito, filho! Reconheci o quanto eu o fiz sofrer e desde então não tenho mais paz. Aguardava este momento para ajoelhar-me a seus pés e pedir-lhe perdão.

Enquanto falava ele foi se arrojando ao chão, mas William impediu-o.

– Não é preciso nada disso, papai! A felicidade que vivo agora me fez esquecer o que passei. Hoje tenho um filho que crio com muito amor e sou feliz. O que passei serviu-me de lição para que eu soubesse tratar meu filho. Tenho sido bem-sucedido na minha profissão, a mesma que o senhor desenvolveu aqui, e nada mais desejo da vida. Se sofri, com certeza eu mereci.

– Você não merecia, filho, eu é que fui impiedoso.

– Não falemos mais nisso e dê-me um abraço. Não para pedir-me perdão que nada tenho para perdoá-lo, mas um abraço de felicidade, a que eu sinto e a que o senhor deve sentir também. Tê-lo aqui conosco, nessa reunião familiar, é uma alegria muito grande.

– O seu coração, filho, é nobre, e eu não o conhecia. Quanto poderia ter aprendido com você e me regozijado com a sua companhia! Sei que agora é tarde, e o tempo perdido não se recupera. Mas, se Deus me permitir, ainda teremos, um dia, uma nova convivência juntos, numa vida de amizade, de amor e de fraternidade, para que você possa me ajudar a que meus erros sejam desfeitos e as imperfeições que ainda trago em mim sejam transformadas em virtudes.

– Não se humilhe assim, papai! Veja que estou feliz com este encontro, e nós, juntos de mamãe, devemos desfrutar desse momento de felicidade, sem recordações tristes. Esqueçamo-nos do passado! Todos nós erramos, mas felizes devemos nos considerar quando reconhecemos os nossos erros, porque deles retiramos lições para nossa vida.

– Você é nobre, seus sentimentos são elevados e você merece, agora, toda a felicidade do mundo – falou Stella.

– Eu gostaria, filho, – tornou Thomas – que você, ao despertar, levasse a alegria desse momento, desta união de família e esquecesse de vez o que já sofreu. Não digo que eu, ao partir daqui, vá esquecer o que lhe fiz, mas levarei a alegria de ter tido o seu perdão, perdão esse que eu não merecia, mas a sua nobreza de caráter mo concedeu.

– Já lhe pedi que esquecesse o que passou. Abracemo-nos demonstrando o amor que sentimos um pelo outro, para que eu desperte revigorado e estimulado a prosseguir a minha vida, até quando Deus me permitir, e espero que me permita ficar ainda muito tempo, para encaminhar meu filho com muito amor.

Os três abraçaram-se e Thomas não conseguiu conter as lágrimas.

Enquanto se abraçavam, Ellen-espírito, que também havia se desprendido do corpo pelo sono, surgiu na sala. Stella vendo-a, chamou-a:

– Venha, minha querida, partilhar desse momento de felicidade que estamos vivendo, porque você faz parte da nossa família e é responsável pela nobreza de caráter do filho que criou para nós.

Ellen aproximou-se, Thomas também abraçou-a pedindo-lhe perdão por tudo o que havia feito, mas no seu íntimo era um perdão que se referia não somente àquela existência que acabara de viver, mas a que ela fora também sua mãe e ele tanto errara.

De nada ela se lembrava nem William, mas Thomas e Stella sabiam bem o que ela significara para eles em tempos idos, como também o que fizera para ambos recentemente. Não mais como mãe, mas como a criada dedicada que o fora para Thomas e muito mais que mãe para William.

Fim